L'AMIRAL COURBET

COURBET

L'AMIRAL
COURBET

PAR A. LEDIEU

CONSERVATEUR DE LA BIBLIOTHÈQUE COMMUNALE D'ABBEVILLE

LIBRAIRIE DE J. LEFORT

IMPRIMEUR ÉDITEUR

LILLE	PARIS
rue Charles de Muyssart, 24	rue des Saints-Pères, 30

AVANT-PROPOS

Il est une province, fertile entre toutes en illustrations diverses, qui a donné le jour à de nombreux hommes de guerre : c'est la Picardie. Mais il est un coin de cette ancienne province, la partie du littoral, qui a vu naître des marins célèbres, dont la gloire rejaillit sur la France entière.

Pour ne parler que des amiraux, le Vimeu a produit Hugues Quiéret, qui se distingua par ses talents et sa bravoure, et mourut sur son banc de quart au combat naval de l'Écluse, en 1340.

Au siècle dernier, Saint-Valery-sur-Somme donnait le jour à Lejoille et à Perrée, morts tous deux glorieusement pour le service de la patrie, l'un en 1799, l'autre l'année suivante.

Enfin, le Panthéon abbevillois vient d'inscrire un nom nouveau, celui de l'amiral Courbet.

La manière la plus durable d'honorer la mémoire des hommes illustres ne consiste pas seulement à leur élever des statues, mais à retracer les hauts faits ou les vertus qui les ont rendus célèbres.

Les statues parlent aux yeux; les biographies s'adressent au cœur.

Tout biographe qui comprend son rôle doit se pénétrer de ce sentiment, qu'il ne doit rappeler que les qualités de son héros, sans se préoccuper des critiques que lui adresseront les chefs d'une certaine école.

Les vices et les défauts, déjà trop nombreux ici-bas, doivent être tenus dans l'ombre.

Nous ne devons vouloir qu'un idéal : arriver sinon à la perfection, du moins nous en approcher le plus possible.

En retraçant la vie de Courbet — hâtons-nous de le déclarer — nous n'avons rien eu à tenir dans l'ombre.

Il n'eut ni faiblesse ni défaillance.

Comme le héros dont le nom se lisait sur l'un des navires de son escadre, Courbet fut sans peur et sans reproche.

La vie de Courbet, a-t-on dit, est comme son esprit, son caractère, — une, simple, droite, tendant toujours vers son but.

Il ne débute point comme enfant prodige, il ne finit pas comme homme sénile.

Il marche lentement, mais sûrement dans la voie de sa vocation, de son choix, vers le but que s'est tracé une ambition tranquille.

Courbet veut être un grand marin pour son honneur et pour le bien de son pays.

Il ne néglige aucun devoir de son état, il ne néglige aucune branche de son art.

L'AMIRAL COURBET

CHAPITRE I

Enfance et jeunesse de Courbet.

AMÉDÉE-ANATOLE-PROSPER COURBET naquit à Abbeville le 26 Juin 1827. Son père, auquel on le destinait à succéder plus tard, était un honnête négociant qui faisait le commerce de vins et d'eaux-de-vie en gros; il périt en 1836 victime d'un accident de voiture dans les circonstances suivantes. Voulant revoir l'un de ses neveux qui se rendait à Paris, M. Courbet, se trouvant aux environs d'Airaines, s'arrangea de façon à rencontrer la diligence qui emmenait son neveu pour lui serrer une dernière fois la main. La voiture s'arrêtait peu d'instants; M. Courbet monta sur le marchepied; à peine avait-il embrassé son parent que la diligence repartait. En se précipitant à terre, M. Courbet tomba si malheureusement que les roues de la lourde voiture lui passèrent sur le corps; il expirait quelques heures plus tard, loin de sa ville natale, loin des siens, de sa femme et de ses trois enfants.

Le jeune Anatole n'était âgé que de neuf ans lorsque ce tragique événement le rendit orphelin. Il avait un frère et une sœur plus âgés que lui de douze et de quatorze ans; ils prirent soin de son instruction et de son éducation, aussi s'est-il constamment montré reconnaissant envers eux, et les considérait-il bien plutôt comme un père et une mère.

Du vivant de son père, Anatole Courbet avait été placé au petit séminaire de Saint-Riquier pour y commencer son instruction; mais les goûts d'indépendance du jeune écolier ne tardèrent pas à lui faire prendre en horreur ces sombres murailles qui le privaient de la liberté. Malgré la précocité de son intelligence, ses premières études furent des plus médiocres.

Au bout de quelque temps — plusieurs de ses condisciples se le rappellent encore — le jeune écolier prit un air sérieux; c'est qu'alors il avait l'esprit très occupé de la fondation d'une société qu'il appela *la Congrégation des Réfractaires*. Cet écolier qui, devenu homme, devait se soumettre à une règle durant toute sa carrière, dressait alors les statuts d'une confrérie qui n'admettait que les indisciplinés, « où l'élévation du grade devait se mesurer au degré de l'indocilité, tandis que le président se réservait le privilège de porter l'indiscipline à sa perfection. »

Un autre trait de son enfance prouve que l'étude avait pour lui un charme des moins accentués. Ayant entendu faire par un Parisien un brillant récit des divertissements nombreux de la capitale à l'époque du carnaval, le jeune Anatole Courbet forma la résolution de s'assurer par lui-même de ce qu'il y avait de vrai dans le pompeux étalage qu'on avait fait du cortège du Bœuf gras. Il n'avait pas encore atteint alors sa dixième année. Laissons la parole à l'un de ses biographes.

« Le samedi du carnaval de 1837, pendant que ses camarades prenaient leurs ébats à la récréation de midi, le jeune collégien, en costume de travail, tête nue pour moins attirer l'attention du concierge qu'on mettait difficilement en défaut, se glisse de groupe en groupe, et, affectant un air indifférent, le nez au vent, les mains dans les poches, il gagne la porte et prend la clef des champs.

» Sans hésitation, il se dirige sur la route d'Ailly-le-Haut-Clocher, où la diligence faisant le service de Paris devait relayer. Il y était à peine arrivé que le bruit des grelots annonçait l'approche de la voiture. Anatole attendit patiemment que le conducteur eût terminé son service, puis, s'approchant, se fit reconnaître, et, du ton le plus naturel, il annonça à ce brave homme que sa famille l'avait autorisé à assister aux fêtes du carnaval à Paris ; un parent l'attendrait à l'arrivée de la diligence et paierait le prix de sa place.

» Le conducteur, qui connaissait la famille Courbet, ne fit aucune difficulté pour admettre l'enfant dans sa voiture, et, pendant tout le trajet, il eut pour lui les attentions les plus paternelles.

» Mais, en arrivant à Paris, grand fut l'embarras du brave homme qui, naturellement, ne trouva personne à qui remettre l'enfant. Celui-ci s'étonne, simule un violent désespoir, et finalement demande au conducteur de le conduire chez son parent qui, aussi enchanté qu'étonné, paie sans difficulté le prix du voyage.

» Aux questions qui lui furent posées, l'écolier répondit avec un imperturbable aplomb que sa mère devait envoyer ses bagages le lendemain, parce qu'on achevait la confection d'un vêtement au moment de son départ, et que, par surcroît de précautions, on lui avait fait mettre sa blouse de pension afin de préserver ses effets de la poussière des routes.

» Le jour de la promenade du Bœuf

gras, les bagages n'étant pas arrivés, il fallut revêtir Anatole d'habits plus élégants empruntés à la garde-robe du fils de la maison.

» Pendant que notre voyageur s'extasiait devant les splendeurs du fameux cortège, on s'était aperçu de son absence au petit séminaire de Saint-Riquier, et l'inquiétude était à son comble quand le conducteur, qui n'y voyait pas malice, annonça à son retour l'heureuse arrivée de l'enfant à Paris.

» Ce n'est pas sans un terrible serrement de cœur que, la fête passée, ce dernier dut avouer son équipée aux parents qui l'avaient si amicalement reçu.

» Il fallut revenir à Abbeville, et le voyage se fit beaucoup moins gaiement que la première fois. »

D'un autre côté, son retour à la maison paternelle fut loin d'être fêté comme l'avait été son arrivée à Paris. Son frère le réprimanda sévèrement et lui fit connaître que le supérieur de Saint-Riquier refusait de le recevoir à l'avenir. Cette nouvelle, qui répondait au secret désir de l'écolier, ne parut aucunement le contrarier. C'est alors que son frère eut recours à un autre moyen.

— Mon cher ami, lui dit-il, notre mère et moi avons dû réunir nos forces pour ne pas laisser péricliter la maison paternelle et subvenir aux frais de ton éducation, mais, puisque tu veux rester ignorant et paresseux, il n'est pas nécessaire de nous imposer plus longtemps des sacrifices inutiles. Aussi avons-nous résolu de te faire apprendre un état manuel, et, puisque tu n'éprouves aucun goût pour les choses de l'intelligence, prends l'état pour lequel tu te sens des dispositions. Dans quinze jours tu entreras en apprentissage.

L'état de cordonnier fut d'abord choisi par l'écolier indocile; mais, considérant que cette profession l'obligerait à rester constamment assis à la même place, il répondit à son frère qui lui demandait au bout des quinze jours de quel maître cordonnier il avait fait choix, que son plus grand désir était de retourner au collège; il s'engageait en même temps à s'appliquer consciencieusement à l'étude.

— Je consentirai volontiers à t'envoyer de nouveau au collège, lui dit son frère, mais à la condition expresse que tu seras toujours le premier de ta classe.

C'était peut-être trop exiger d'un écolier qui n'avait pas travaillé jusque-là, toutefois il répondit à son frère :

— Je ne puis te promettre d'être constamment le premier, mais je prends l'engagement dès aujourd'hui de ne pas dépasser le rang de second dans toutes mes compositions.

C'est sur cette promesse qu'il entra au collège de sa ville natale, et sa famille eut la satisfaction de constater qu'il tint parole, tant au collège d'Abbeville, où il resta pendant cinq ans, qu'au lycée d'Amiens, et enfin à l'institution Favart à Paris, dont les élèves suivaient les cours du lycée Charlemagne.

« C'est qu'il avait trouvé sa véritable voie, celle des mathématiques, a dit l'auteur de son oraison funèbre. Elles devaient convenir, en effet, à son esprit net et positif, ces sciences exactes qui, par la sévérité de leur méthode, la rigueur de leurs déductions, la précision de leurs formules et leur indiscutable certitude, tiennent une si grande place dans l'ensemble des connaissances humaines; disciplines puissantes, qui, loin de rien ôter au jugement de sa rectitude, accoutument l'esprit à procéder avec ordre, à marcher sans cesse du connu à l'inconnu et du simple au composé, à suivre jusqu'au bout le fil d'un raisonnement, à porter une attention continue sur un même sujet, à écarter les idées vagues, les aperçus incomplets, pour saisir en toutes choses, avec le point précis de la difficulté, le principe de la vraie solution. »

Le jeune écolier était doué surtout d'une prodigieuse mémoire. Ceux de ses camarades qui ont été en classe avec lui au collège d'Abbeville, et qui vivent encore, se rappellent les tours de force qu'il accomplissait en apprenant ses leçons de récitation.

Il montrait déjà alors une énergie peu commune, une volonté froide qui ne se laissait arrêter par aucun obstacle. En un mot, au collège il était déjà tel qu'on devait le connaître plus tard, lorsqu'il commanderait les flottes françaises.

A la fin de l'année scolaire 1845-1846, il remportait le second prix en mathématiques spéciales. Un an plus tard, il obtenait le prix d'honneur, un premier accessit en excellence et un septième accessit au concours général. Il avait alors pour condisciples, MM. Debray, Troost et Bouquet de la Grye, aujourd'hui tous trois membres de l'Institut.

En 1847, le jeune Courbet se tourna vers l'École polytechnique, où les mathématiques tiennent la tête. Il y entra à la suite d'un brillant examen, le 1er octobre 1847; il fut reçu le cinquième sur cent vingt-six candidats. En raison de son numéro d'entrée, il reçut les galons de sergent.

Il fit de solides études dans cet établissement et sut marquer sa place aux premiers rangs.

Quelques mois après son entrée à l'École polytechnique, Courbet entendait battre le tambour dans les rues de la capitale : c'était la monarchie de Juillet qui tombait. Les polytechniciens descendirent dans la rue et un détachement, à la tête duquel se trouvait Courbet en qualité de sergent-major, alla combattre derrière une barricade élevée sur la place de la Bastille.

Restés maîtres du champ de bataille, Courbet et ses condisciples se portèrent au Louvre, où une foule exaltée voulait pénétrer pour détruire les magnifiques toiles qu'il renfermait. Le jeune sergent-major essaya de s'opposer à cette funeste entreprise, mais en vain : les vandales ne l'écoutaient point. « Pris d'une inspiration subite, il s'élance sur une charrette abandonnée, et, du haut de cette tribune improvisée, il harangue la foule. D'abord, ses premiers mots sont accueillis par des clameurs assourdissantes, mais bientôt, sous l'effet de sa parole nette, incisive, convaincue surtout, et qui essaie de faire rentrer un peu de raison dans ces cerveaux échauffés par une lutte aussi vive que par une victoire aussi inespérée, il fait comprendre à son auditoire combien sont criminels ces attentats contre ces trésors inestimables, propriétés des générations présentes et futures. Et, cette fois encore, le peuple, avec cette versatilité qui a toujours été l'apanage des foules, acclame celui qu'il considérait tout à l'heure comme un ennemi. »

Il fit même plus ce peuple si exalté l'instant d'auparavant; il s'attela à la charrette qui avait servi de tribune au jeune orateur, et la traîna jusqu'à l'Hôtel-de-Ville, où siégeait le gouvernement provisoire.

Prévenu aussitôt du vandalisme que Courbet vient d'arrêter, Armand Marrast déclare qu'il le veut comme secrétaire; ce choix est unanimement ratifié par les acclamations de la foule. Le jeune polytechnicien remplit ses fonctions, qui étaient des plus lourdes, jusqu'au jour où les portes de l'école furent rouvertes.

Il en sortit en 1849 avec l'un des premiers numéros de sa promotion. C'est dans cet établissement qu'il puisa cette science et cet esprit de méthode qui devaient le faire distinguer plus tard.

Chose assez rare, en quittant l'École polytechnique, il entra dans la marine avec le grade d'aspirant de première classe. L'une des notes reçues par lui à l'École polytechnique avait fait prévoir cette vocation : « Goût prononcé pour la marine, disait le commandant, intelligent et pourra faire un très bon officier. »

CHAPITRE II

Entrée de Courbet dans la marine. — Ses grades successifs.

Le 1er octobre 1849, Anatole Courbet était nommé aspirant de première classe. Ce fut le commandant de Rocquemaurel qui forma plus tard le jeune enseigne sur *la Capricieuse*, corvette à voiles de trente-deux canons, montée par cent cinq hommes d'équipage.

M. de Rocquemaurel, méridional et causeur, asthmatique et obligé pour respirer de passer ses jours et ses nuits au grand air, a dit un journaliste, prit plaisir à former son jeune élève et à lui inculquer les premiers éléments techniques de la science maritime à laquelle son tempérament ne le prédisposait nullement.

Il nous faut donner ici quelques détails sur la première navigation du futur amiral.

Pour calmer l'effervescence produite chez certains esprits par le courant révolutionnaire, Cavaignac éloigna de Paris les plus mutins. Cent soixante-quinze gardes-mobiles de la marine, choisis parmi les insubordonnés furent embarqués sur la corvette *la Capricieuse*. Le commandement en fut confié au capitaine de vaisseau de Rocquemaurel, qui avait déjà fait un voyage autour du monde avec Dumont d'Urville comme second de *l'Astrolabe*.

La Capricieuse quittait Toulon le 28 mai 1850 et faisait voile pour Valparaiso. Anatole Courbet fut chargé de dresser pour une dizaine d'élèves de l'École navale qui se trouvaient à bord, une sorte de table de connaissances spéciales, un abrégé des types de calculs auxquels il faut se livrer pour obtenir la hauteur de la méridienne.

En quittant Valparaiso, *la Capricieuse* se dirigea vers les îles Gambier, toucha aux îles Marquises et à Taïti, puis fit escale aux îles Carolines, aux îles Mariannes et aborda enfin à Hong-Kong, où l'équipage demeura pendant trois ans.

Anatole Courbet remplaça souvent le lieutenant Mouchez dans les sondages que celui-ci avait entrepris pour ses travaux d'hydrographie.

Dans ce lointain voyage, Courbet acquit la science pratique qui lui manquait, aussi surpassait-il ses collègues sortis de l'École navale.

Dans les différents rapports adressés au

ministre par le commandant de Rocquemaurel, cet officier mettait sans cesse en relief les qualités de Courbet.

On ne s'improvise pas soldat, encore moins marin. Les leçons du vieux commandant profitèrent à son élève, car il revint de cette campagne absolument trempé, ferré sur tous les détails, et mieux encore, avec le feu sacré maritime.

Toutefois, ses débuts dans la marine furent difficiles. Ses camarades lui en voulurent d'abord de ce qu'au lieu de sortir de l'École navale, il était ancien élève de l'École polytechnique. La camaraderie des anciens élèves du *Borda* opposa quelques obstacles à l'avancement de ce polytechnicien.

Plus tard, d'autres concurrents cherchèrent à le dénoncer comme entaché de cléricalisme; mais, à force de loyauté, de talent, de supériorité dans l'intelligence aussi bien que dans le caractère, il vint à bout de tous les empêchements.

Arrivé à la fin de sa carrière, il n'y avait qu'une voix dans la marine pour lui décerner le premier rang; parmi ses frères d'armes, comme dans l'opinion publique, il était naturellement désigné pour le poste de *grand amiral de France*.

Au retour de son lointain voyage, Courbet, qui fut toujours un travailleur acharné, reprit le cours de ses études. Plus tard, c'est sur l'artillerie et le torpillage qu'il porta ses vues, mais, à cette époque, ses préférences étaient pour l'astronomie. Il communiqua même à plusieurs de ses amis un travail sur les observations sidérales de Copernic et de Kepler, qu'il destinait à l'Académie des sciences.

Courbet se trouvait à Cherbourg en 1854; il assistait en curieux au renflouement d'un navire de haut bord qui venait d'échouer. Le capitaine de frégate qui avait été chargé de ce soin demandait trois jours et six cents marins pour cette besogne. Courbet se fit fort de renflouer le vaisseau en six heures, aidé seulement de trois cents hommes. Le ministre de la marine, qui avait tenu à assister à cette opération, fut informé du propos de Courbet; il le fit venir et le chargea de mettre son projet à exécution. Trois heures plus tard, le vaisseau entrait dans le port, et le jeune officier recevait les félicitations du ministre.

De la corvette *la Capricieuse*, Courbet passa sur le brick *l'Olivier*, de la division navale du Levant, sous les ordres de M. Bonie.

L'Olivier s'échoua sur une roche près de Rhodes, et l'amiral de Dompierre d'Hornoy, qui commandait l'escadre d'évolutions, fut à même d'apprécier en cette circonstance les qualités du jeune enseigne.

Le navire fut renfloué, mais ses avaries exigeant quelques réparations urgentes, il alla abattre en carène au Pirée. Courbet fut alors choisi pour faire les calculs de force de résistance nécessaires; il répondit pleinement à l'attente de ses chefs. Une fois mis en état, *l'Olivier* reprit sa route.

M. Bonie avait jugé le jeune enseigne; il se l'attacha comme second sur *le Coligny*, alors à Biarritz à la disposition de l'impératrice, qui voulait faire creuser un port en eau profonde auprès de cette station balnéaire.

Courbet, chargé de faire les sondages, faillit périr en faisant cette opération. Un matin, la houle, qu'il n'avait point remarquée, fit couler sur place son embarcation; sans le dévouement de l'un des deux marins qui l'accompagnaient, il aurait infailliblement péri, car il ne savait point nager. Plusieurs fois on s'étonna devant lui de ce qu'un marin consommé comme lui ne sut point nager : « C'est le seul moyen de ne pas se noyer, répondait-il avec son fin sourire ; il n'y a que les bons nageurs qui se noient. »

L'empereur ayant demandé au commandant Bonie s'il désirait quelque chose pour ses officiers :

— Sire, répondit-il, je serais très heureux si vous vouliez décorer mon second.

Et Courbet reçut la croix sans que sa nomination suivît la voie hiérarchique.

« *Le Coligny*, dit M. Bastard, continua sa croisière sur les côtes du Maroc et vint un jour mouiller à Gibraltar. Courbet était à bord lorsqu'il vit une embarcation accoster, portant un officier en uniforme d'artillerie de marine. Intrigué il s'avance vers la coupée :

— Lieutenant, lui dit le capitaine d'artillerie, en mettant le pied sur le pont, je viens vous demander un service.

— Lequel? répond Courbet avec obligeance.

— J'ai pris passage aux Antilles sur un navire marchand. Le capitaine de ce navire, croyant aller porter ses sucres à Bordeaux, a reçu l'ordre d'aller les débarquer à Marseille, et il ne s'est pas prémuni d'une carte. Avez-vous, lieutenant, une carte pour la Méditerranée?

— Nous allons chercher, dit Courbet, et nous vous la donnerons.

« Mais il arriva qu'on n'avait qu'une seule carte à bord du *Coligny* et qu'on ne pouvait disposer d'aucun exemplaire. Alors, pour que le vaisseau marchand pût achever sa route, Courbet resta vingt-quatre heures à préparer un « routier » complet. Aussi le capitaine au long cours, débarqué à Marseille, ne tarissaitil pas d'éloges sur lui et la marine de l'État ! »

— Eh bien, vrai, répétait-il sur tous les tons, il n'y en a pas un dans la marine marchande qui aurait été capable de faire çà. Je saurai maintenant répondre à ceux qui viendront se plaindre des officiers de l'État !

Un biographe de Courbet a rapporté cette autre anecdote. « *Le Coligny* se rendait de Gibraltar à Cadix ; il faisait nuit, la côte était hérissée de rochers ; le lieutenant Courbet devait prendre son service à quatre heures du matin. A trois heures, le commandant Bonie se réveilla, et résolut de voir comment, dans ce passage difficile, se comportait l'officier de quart. Il monta sur le pont et, l'obscurité l'empêchant de distinguer personne, il demanda si l'on avait déjà aperçu le phare vers lequel on se dirigeait.

— Pas encore, commandant, répondit la voix de Courbet.

— Quoi! c'est vous? dit le capitaine surpris; vous allez être de service à quatre heures et vous êtes encore là à trois heures?

— Cela ne fait rien, commandant, on doit savoir veiller quand il le faut.

— Ce détail est peu de chose, ajoute l'auteur que nous citons, mais il prouve qu'en toute occasion, Courbet faisait non seulement son devoir, mais plus que son devoir. »

Le 29 novembre 1856, Anatole Courbet était nommé lieutenant de vaisseau de deuxième classe et devenait l'année suivante aide-de-camp du vice-amiral Bouët-Willaumez, commandant alors l'escadre d'évolutions de la Méditerranée.

Du *Coligny*, Courbet passa, en 1858, sur *le Suffren*, puis sur *le Montebello*, vaisseau-école des canonniers, où il eut pour collègue l'amiral Galiber; c'est de cette époque que date véritablement sa réputation militaire. Ce vaisseau-école, où passent une trentaine d'officiers par année, permet d'apprécier la valeur de ceux qui y sont appelés, et l'on peut dire que Courbet se distingua dans la pléïade des brillants officiers qui en sont sortis.

Toutes les questions techniques lui devinrent peu à peu familières, et il fut chargé de rédiger les procès-verbaux des nombreuses expériences d'artillerie entreprises sur *le Montebello* pendant les années 1859, 1860 et 1861. Debout en même temps que les matelots, à cinq heures du matin, il ne donnait pas moins de quatorze heures par jour à son travail. Il ne prenait que tout juste le temps des repas, et, bien souvent, sa lampe ne s'éteignait pas avant minuit ou une heure.

Le 24 décembre 1861, Courbet, faisant alors partie de l'escadre d'évolutions sur *l'Alexandre,* passait lieutenant de vaisseau de première classe, et, moins de cinq ans après, le 14 août 1866, il était promu capitaine de frégate. C'est dans ce grade qu'il occupa les hautes fonctions de chef d'état-major de la division cuirassée du Nord, commandée alors par le contre-amiral de Dompierre d'Hornoy. Ce fut à la recommandation de ce dernier que Courbet dut d'être nommé capitaine; au reste, il avait été proposé pour ce grade, à plusieurs reprises, depuis le 2 novembre 1861. M. d'Hornoy avait connu Courbet lorsque celui-ci était aide-de-camp du vice-amiral Bouët-Willaumez et avait su l'apprécier.

« Avec une volonté de fer, une âme de feu et une patience de savant, dit M. Bastard, Courbet s'acharne à résoudre toutes les difficultés, tant des constructions navales que des perfectionnements de la mécanique. La vapeur, les machines n'ont pas de secret pour lui; il est aussi versé dans le matelotage que dans les sciences les plus élevées. Une partie de ses mémoires, présentés au conseil des travaux, vit le jour. Mais, si les rapports de ses chefs sont des plus flatteurs, les notes sur sa santé sont défavorables. Santé délicate, dit chaque rapport. Par suite de son labeur constant et de ses veilles incessantes, son estomacse débilite, ses traits s'étirent, ses tempes se creusent, ses yeux se cernent, et sa physionomie énergique, encadrée de favoris blonds, prend cet aspect osseux et mortuaire qu'on sait. Cependant son galbe n'a pas changé. »

Les services de Courbet à la division navale cuirassée lui valurent, le 30 décembre 1863, la croix d'officier de la Légion d'honneur.

Toujours sur la brèche, car, depuis dix-neuf ans il ne se reposait guère, il reçut le commandement de l'aviso *le Talisman* (1er mars 1870), qui faisait partie de la division des Antilles.

Quelques mois plus tard, la guerre était déclarée à la Prusse. Courbet demanda vainement à rentrer en France pour se battre.

Il s'occupa alors d'hydrographie et une heureuse croisière aux Antilles attira pour la première fois l'attention sur lui, mais il y contracta le germe d'une maladie à laquelle il devait succomber tôt ou tard.

Il revint en France en 1872. Le premier soin de l'amiral de Dompierre d'Hornoy en arrivant au ministère, fut de nommer capitaine de vaisseau son ancien chef d'état-major (11 août 1873). Il l'avait connu à Rhodes, on se le rappelle, au mois d'octobre 1856; il le distingua et ne l'oublia plus depuis cette époque.

A ce sujet, voici l'éloge que le vice-amiral d'Hornoy a fait de son subordonné, peu de temps après la mort de ce dernier :

« A mon arrivée au ministère en 1873, je le portai sur ma première promotion de capitaines de vaisseau, et en 1878, je le pris de nouveau comme chef d'état-major sur l'escadre cuirassée de la Méditerranée.

» L'officier supérieur avait encore acquis. A ses qualités d'autrefois, il ajoutait le fruit de longs travaux, l'expérience due à des positions importantes. Il était devenu l'officier le plus complet que j'aie rencontré dans ma longue carrière.

» Tour à tour second, commandant, officier de l'école des canonniers, directeur de l'école des torpilles, attaché aux états-majors des escadres, Courbet avait acquis dans son passage à toutes ces positions cette connaissance approfondie de tous les détails du service si nécessaire dans les expéditions lointaines et qui heureusement n'altérait en rien son aptitude aux grandes vues d'ensemble dont il a donné tant de preuves en Orient.

» Courbet, avec un jugement d'une sûreté remarquable, n'aimait cependant pas à émettre une opinion sans avoir mûrement réfléchi ou sans avoir consulté des documents qu'il classait sur toutes chose avec la régularité d'un bénédictin. Aussi, il était tenace dans ses idées.

» Il était sévère dans le commandement; il avait la parole ferme, brusque, un peu dure quelquefois, mais on s'habituait vite à sa justice inflexible; et ses équipages l'adoraient.

» S'il était exigeant pour le service,

n'était-il pas le premier à donner l'exemple, lui qui ne tenait compte ni de son sommeil, ni de sa santé, ni des fatigues qui usaient sa vie, quand le moindre devoir l'appelait.

» D'ailleurs, en dehors du service, on retrouvait l'amabilité et la bonté de son caractère. Il était un ami sûr et dévoué, il se regardait comme le protecteur-né de tous ceux qui avaient servi sous ses ordres.

» Il était inflexible sur la discipline pour lui-même, comme il l'était pour les autres, et jamais militaire n'a été plus soumis, plus respectueux pour l'autorité, n'importe d'où elle venait. Il poussait si loin cette vertu, qu'il déclarait incompatibles la politique et le service, et que, pendant tout le temps qu'il a passé sous mes ordres, je n'ai jamais pu savoir qu'elle était la couleur de ses opinions.

» Voilà l'homme ! — Un grand chef dans toute l'acception du mot. Avec tant de qualités, l'amiral Courbet pouvait faire les plus grandes choses. Ses campagnes au Tonkin et en Chine resteront des modèles d'expéditions sagement et hardiment menées. Que n'eût-il pas fait s'il eût vécu ?

» Le sentiment national ne s'est pas trompé ; sa perte est irréparable. »

Rentré à Paris, le capitaine Courbet recevait, peu de temps après, une lettre de commandement (5 octobre 1873) ; on lui donnait un cuirassé de premier ordre, *la Savoie*.

L'année suivante, il était appelé à la direction de l'école d'application des torpilles à Boyardville, sur l'île d'Oléron ; il quitta alors *la Savoie* pour monter sur le stationnaire *le Messager*.

Là, pendant deux années, il donna une vive impulsion aux travaux et au perfectionnement de ces engins, qui sont appelés à jouer un grand rôle dans la guerre moderne, et dont il sut faire un si bon usage sur les deux croiseurs chinois torpillés par lui à Sheipou.

Pendant son séjour à Boyardville, l'emploi de son temps était régulièrement déterminé. Il recevait fréquemment ses officiers à sa table, toujours bien servie, s'entretenait familièrement avec eux, les encourageait dans le développement de leurs idées, les arrêtant, chaque fois qu'il les voyait s'embrouiller, par ces mots : « Mon ami, mon ami, disait-il, distinguons, ne con fondons pas. »

Tous ceux qui ont servi alors à Boyardville se rappellent bien cette phrase qui revenait souvent sur les lèvres du commandant Courbet.

En 1877, il était appelé comme chef d'état-major par l'amiral de Dompierre d'Hornoy, nommé commandant de l'escadre cuirassée de la Méditerranée. L'amiral se souvenait toujours de son chef d'état-major de 1866. Obligé, pour cause de maladie, d'abandonner son commandement, M. d'Hornoy confia, sans hésiter, la direction des évolutions à son excellent chef d'état-major.

L'amiral Cloué remplaça l'amiral de Dompierre d'Hornoy.

« Ayant entendu parler de la manière brillante dont Courbet s'était acquitté de ses fonctions de chef d'état-major, l'amiral Cloué lui demanda de les garder pendant la durée de son commandement, et, fait rare, les deux amiraux qui se sont succédé à la tête de l'escadre de la Méditerranée ont conservé le même chef d'état-major. »

L'amiral Cloué sut aussi bien l'apprécier que son prédécesseur, et, pour récompenser Courbet, il demanda pour lui la cravate de commandeur, qu'il lui fit obtenir le 23 juillet 1879. Ce n'était point encore assez au gré de l'amiral pour reconnaître le mérite de son chef d'état-major; il le fit porter sur le tableau d'avancement; il renouvela la demande faite par l'amiral d'Hornoy dans son rapport du 14 octobre 1878, dans lequel il le proposait le premier pour le grade de contre-amiral, parce qu'il n'en connaissait pas de « plus capable. »

A la fin de juin 1880, Courbet se rendait à Amélie-les-Bains pour rétablir sa santé délabrée.

Le 8 août suivant, il était nommé gouverneur de la Nouvelle-Calédonie, et, le 18 septembre, un décret lui conférait le grade de contre-amiral et le nommait commandant en chef de la division navale.

Peu de temps après son arrivée dans la colonie, il eut à réprimer une tentative de révolte soulevée par les déportés, mais il en vint aisément à bout en fort peu de temps. Les indigènes, profitant de ce que le gouverneur était occupé à châtier les révoltés, essayèrent aussi de se soustraire à sa domination ; ils se levèrent en masse et se livrèrent aux plus horribles excès.

Les représailles ne se firent pas longtemps attendre, et les Canaques se voyaient bientôt contraints de déposer les armes.

A ce propos, nous rapporterons l'anecdote suivante telle qu'elle a été racontée par l'un des biographes de l'amiral.

Courbet, voulant alors se rendre un compte exact de la situation d'esprit chez les Canaques, s'avança lui-même jusqu'à un village très éloigné du centre de nos positions. Il était accompagné d'un petit état-major qui comprenait MM. le commandant Thounens, son chef d'état-major, le lieutenant de vaisseau Louvet, son aide-de-camp, le capitaine d'infanterie de marine Merland, son officier d'ordonnance, et le fourrier Vincent, son secrétaire.

Cet état-major avait pour escorte un faible détachement de fusiliers marins. La marche avait été assez pénible, et le besoin de se réconforter se faisait vivement sentir ; malheureusement les provisions étaient peu abondantes, car les hommes valides, pourvoyeurs ordinaires du garde-manger, avaient déserté la tribu depuis le commencement des hostilités.

La petite troupe se divisa alors et chacun chercha à se procurer quelques provisions que réclamait impérieusement l'estomac. Le gouverneur, suivi de son état-major, entra dans la plus grande hutte du village où cinq ou six femmes étaient réunies.

Pas un officier n'arrivant à se faire comprendre de ces malheureuses, qui croyaient leur dernière heure arrivée et poussaient des cris lamentables, on se mit de nouveau à chercher dans la case ce qui, décemment, pouvait se manger.

Après de minutieuses investigations, ils trouvèrent quelques œufs pour toute nourriture. Par signes, ils parvinrent à faire comprendre à ces femmes qu'il fallait allumer le feu et préparer les œufs en omelette.

Courbet, à qui rien n'échappait, avisant, pendu au-dessus de la cheminée, un petit chapelet qu'il supposait être fait avec des morilles, l'indiqua à un jeune officier, qui s'empressa de le décrocher malgré les pleurs et les lamentations des femmes canaques. Celle qui faisait cuire les œufs, voyant l'officier couper les prétendues morilles en petits morceaux afin de les mélanger avec les œufs, poussa des cris de terreur, et, se levant affolée, s'élança hors de la case suivie de toutes ses compagnes qui se voilaient la face et semblaient en proie à une indicible horreur.

La fameuse omelette cuite à point, Courbet et son entourage y firent d'autant plus d'honneur que, depuis la veille, ils n'avaient rien mangé, et, le repas terminé, chacun s'empressa de goûter un repos nécessaire.

Vers le soir, les Canaques, encouragés par l'attitude de nos troupes, se présentèrent à la tribu pour faire leur soumission.

Le chef fut introduit en présence du gouverneur. Instruit par les femmes qui avaient assisté en spectatrices éplorées au repas improvisé du matin, il apprit à Courbet que les soi-disant morilles n'étaient rien moins que les cervelles desséchées des grands chefs de la tribu, ses aïeux immédiats, qu'il conservait comme un souvenir de pieuse et filiale vénération.

Cette confidence gastronomique, tout en surprenant vivement le gouverneur, ne troubla nullement son estomac, qui s'en accommoda à merveille ; il n'éprouva aucun remords de l'étrange et bizarre repas que les hasards de la guerre l'avaient obligé de faire chez des peuplades aussi pénétrées du culte des morts.

Comme gouverneur de la Nouvelle-Calédonie, dit l'un des biographes de l'amiral Courbet, « il s'y révèle dès le début bon colonisateur et bon administrateur; il s'initie à tout : les mines, l'enregistrement, les finances. Son attention se tourne de préférence vers le régime pénitencier, auquel il apporte les plus sages modifications.

« Par exemple, tous les déportés étaient réunis à l'île Nou et à l'île des Pins, les moins mauvais pêle-mêle avec les plus intraitables ou les plus fainéants. Contact fâcheux. L'amiral Courbet ordonna de faire un choix sérieux parmi les hommes qui semblaient avoir les meilleures dispositions et les parqua au camp de Monravel. Tous les nouveaux condamnés y furent envoyés ensuite. Les plus réfractaires au travail, les plus récalcitrants à toute autorité finirent par se plier d'eux-mêmes au joug, étonnés peut-être de suivre d'aussi bons exemples et de subir l'influence heureuse de leur entourage, comme ils auraient cédé antérieurement à l'influence contraire. »

A son retour de la Nouvelle-Calédonie, en passant à Sidney, le contre-amiral Courbet fit, en tenue de bourgeois, une visite de politesse aux officiers des navires de guerre anglais. Le commodore salua sa venue de dix-sept coups de canon, et, quand on lui demanda pourquoi ces honneurs inusités, qui n'étaient dus ni au grade ni au pavillon, puisque Courbet ne l'arborait pas, le commodore répondit : « C'est la seule personne de sir Courbet que j'ai voulu honorer. »

On a prétendu que le rappel du gouverneur de la Nouvelle-Calédonie fut motivé par un conflit entre lui et le gouvernement et que son rappel fut une disgrâce; c'est une erreur : il avait demandé lui-même à être relevé de ce poste. On a répété également qu'il avait laissé dans l'île de mauvais souvenirs; c'est une autre calomnie à repousser.

Quoi qu'il en soit, le 22 novembre 1882, le contre-amiral Courbet rentrait en France et passait quelques mois dans les Alpes-Maritimes, puis il arrivait à Paris et rendait visite à l'amiral Jauréguiberry, ministre de la marine. Celui-ci le reçut cordialement et lui promit de lui donner le commandement de l'escadre du Levant dans les premiers mois de 1883.

Le contre-amiral fut enchanté, et, en prévision des réceptions qu'il comptait donner à bord, il fit acheter un service de table, des vins fins, etc., car, quoiqu'il fût d'une très grande sobriété, il avait toujours une table somptueusement servie. Mais l'amiral Jauréguiberry donna sa démission peu de temps après; son successeur accorda à un autre qu'à Courbet le commandement de l'escadre du Levant.

L'ancien gouverneur de la Nouvelle-Calédonie en éprouva une très grande déception; toutefois il en prit son parti. Il se plaignit seulement de ce qu'il allait se voir obligé d'ouvrir une boutique pour écouler les vins et les comestibles dont il venait de faire provision.

Le nouveau ministre, pour ne point laisser inactif l'un des officiers les plus jeunes et les plus brillants, lui donnait, aussitôt son entrée en fonctions, le commandement en chef de la division navale d'essais, nouvellement créée à Cherbourg. Le 23 avril 1883, il arborait son pavillon sur le cuirassé *le Bayard*. Un mois plus tard arrivait à Paris la nouvelle de la mort du commandant Henri Rivière. Le contre-amiral Courbet fut désigné pour tirer vengeance de cette mort.

Avant de commencer le récit des faits de guerre du glorieux marin, il est bon de donner sur lui les détails intimes et personnels que nous avons pu recueillir.

Au physique, tout le monde le connaît, ou du moins son image. Grand, osseux, d'une carrure où la charpente de fer s'accuse, l'amiral Courbet avait la tête singulièrement belle dans son irrégularité. Les pommettes étaient en saillie comme le menton. Le front se développait haut et large, et si le nez n'avait pas le dessin correct des médailles, il se prêtait à la mobilité expressive des sentiments. Mais les yeux et la bouche décelaient l'âme sereine, — les yeux profonds, tranquilles, dont l'acuité ne s'émousse devant aucune surprise, — la bouche froide, un peu hautaine, toutefois, avec ses commissures basses. Sa maigreur le faisait paraître plus grand qu'il ne l'était réellement ; son uniforme avantageait le développement de ses épaules.

A bord, raconte un de ses compagnons

d'armes, son existence était régulière et laborieuse. Il se levait à cinq heures avec les matelots, fumait une cigarette et travaillait jusqu'à dix heures. A dix heures, il déjeunait; en un quart d'heure, il avait fini. Il s'occupait alors très minutieusement des affaires de service, puis travaillait jusqu'à cinq heures pour son propre compte; c'était surtout de questions relatives à la marine, aux torpilles et aux torpilleurs, qu'il s'occupait. Toutefois, l'artillerie et l'astronomie l'occupèrent aussi tout particulièrement. Il a dû laisser de curieux ouvrages sur le monde sidéral, et il nourrissait le dessein de laisser un jour ses manuscrits à l'Institut.

Aucune des questions relatives à l'administration et à l'organisation de la flotte ne lui était étrangère, et, sur chacune d'elles, il a donné des conseils décisifs.

Nous emprunterons au consciencieux ouvrage de M. Ganneron les lignes suivantes sur la première partie de la carrière de Courbet : « Ce qui la distingue par dessus tout, dit-il, c'est l'unité dans la conduite, c'est l'unité dans les témoignages de satisfaction que lui accordent successivement tous ses chefs ; depuis le jour où il s'embarque sur *la Capricieuse* jusqu'à celui où il quitte *le Richelieu*, il n'a pas une défaillance, pas une faiblesse.

« Il aime son métier passionnément et, pour s'y consacrer tout entier, il ne s'est pas marié, lui qui aime la famille par dessus tout. Il ne s'est pas contenté du bagage de connaissances qui peut suffire à beaucoup d'officiers ; il a voulu tout approfondir.

» Entré tard dans la marine, il a commencé par étudier avec une persévérance et une énergie incomparables, le côté pratique de ses devoirs ; il s'est rompu aux manœuvres et est devenu capable de diriger un navire ; en poursuivant ce résultat, il n'a pas négligé les notions scientifiques qu'il avait puisées à l'Ecole polytechnique et a cherché constamment à les appliquer à toutes les parties du service. Nous le voyons successivement hydrographe sur *la Capricieuse*, ingénieur dans l'abattage en carène de *l'Olivier*, canonnier et même inventeur sur *le Suffren* et *le Montebello*, manœuvrier et administrateur sur *la Savoie* et *la Minerve*, commandant sur *le Talisman*, torpilleur à Boyardville, presque chef d'escadre sur *le Richelieu*.

» Dans toutes ces situations, à travers tous ces changements, Courbet resta toujours le même, calme, froid, respectant la discipline et sachant la faire respecter par les autres, l'homme du travail, l'homme du devoir. »

Ainsi qu'on le voit, les succès de Courbet « n'ont pas été dus au hasard ; ils sont le résultat et comme le couronnement d'une série d'efforts incessants et d'un labeur infatigable. C'est surtout par là que Courbet mérite d'être donné en modèle et aux marins, et aux soldats, et à tous ceux qui veulent utilement servir leur pays. »

Courbet ne jouait jamais, par la raison bien simple qu'il ne connaissait aucun jeu. Il avait de grandes connaissances en littérature et se tenait au courant de toutes les publications françaises et étrangères. Quant aux classiques, ils lui étaient familiers, mais il ne dédaignait point le genre moderne. Il avait un goût très prononcé pour la musique, qu'il écoutaitent dilettante ; il n'était point artiste, mais il savait apprécier les belles exécutions.

Lorsqu'il résidait à Toulon, a raconté un journaliste, il avait pris un abonnement au Théâtre-Lyrique. Il a entendu de la sorte cinquante ou soixante fois *la Juive* et *la Favorite*, qui sont les deux opéras les plus souvent joués dans cette ville du Midi. Il en savait tous les morceaux par cœur et les avait entendus non seulement à Toulon, mais dans un grand nombre d'autres ports de mer sous toutes les latitudes possibles.

Quand il était gouverneur de la Nouvelle-Calédonie, il recevait fréquemment les officiers supérieurs et les hauts fonctionnaires de la colonie avec leurs femmes; celles-ci se mettaient au piano et jouaient les morceaux les plus nouveaux ou les plus connus; l'amiral ne se lassait point d'entendre *la Marche* de Chopin.

Ce vaillant marin était un parfait homme du monde, très recherché dans les salons, et il jouissait de la réputation d'un causeur charmant et spirituel.

C'est pendant son séjour à Nouméa qu'une troupe composée de la façon la plus extraordinaire du monde donna *la Favorite*, nous apprend un rédacteur du *Temps*. Courbet assista à toutes les représentations sans manquer une note, et, à l'étonnement qu'on lui témoignait sur son assiduité à entendre défigurer le chef-d'œuvre de Donizetti, il répondait : « La musique, quelle qu'elle soit, me cause toujours une douce émotion. » — Ses travaux ne furent jamais interrompus que par cette passion musicale.

A Paris, où il prit d'abord un logement rue de l'Arcade, jusqu'en 1877, puis rue Cambacérès, n° 11, afin de jouir sans doute de plus de calme et de tranquillité, son existence n'était guère différente de celle du bord. Tous les matins, régulièrement, il déjeunait au restaurant Lucas, et sa place accoutumée était une petite table à la droite du comptoir. Bien souvent, il prenait son repas en compagnie de ses amis intimes, les amiraux Duperré, Galiber, Gicquel des Touches.

Pendant tout le cours de sa carrière, Abbeville ne l'a vu que très rarement; Paris le retenait davantage, car il captait son esprit et ses goûts, et l'universalité de ses connaissances y trouvait un champ plus vaste.

Nous rapporterons une anecdote dont quelques-uns de ses compatriotes ont été témoins lorsqu'il vint passer quelques heures au milieu de sa famille avant de se rendre en Nouvelle-Calédonie. Les contemporains de l'amiral se souviennent encore que, tout enfant, il avait pris en affection une marchande de légumes habitant sur la place qui porte aujourd'hui le nom de Courbet. Il aidait cette brave femme dans la vente de ses légumes et restait de longues heures en sa compagnie. Elle ne perdit jamais de vue son petit caissier, et ressentait toujours une joie bien vive lorsqu'elle apprenait qu'il montait constamment de grade en grade. S'étant trouvée sur le passage de l'amiral, qui l'avait complètement oubliée, elle le salua d'un si radieux bonjour qu'il demanda qui elle était. Ayant su que c'était sa vieille Julie, il revint sur ses pas et l'embrassa sur ses deux joues, honneur qui fit couler les pleurs de la pauvre femme.

CHAPITRE III

La division navale du Tonkin. — Courbet commandant en chef. — Premiers succès : Thuan-An.

A la nouvelle de la mort du commandant Rivière, connue à Paris le 26 mai 1883, Courbet se trouvait à Cherbourg. L'amiral Peyron, ministre de la marine, le fit appeler aussitôt pour lui confier le commandement en chef des forces de terre et de mer que l'on envoyait au Tonkin.

Le contre-amiral Courbet s'empresse d'accourir à Paris, où il reçoit les instructions nécessaires (31 mai). Il repart après un séjour de vingt-quatre heures dans la capitale, sans prendre le temps d'aller à son logement habituel y chercher ses lettres. Il prend aussitôt le rapide pour se rendre à Toulon, afin de rejoindre dans la Méditerranée *le Bayard*, qui avait quitté Cherbourg en même temps que lui; une dépêche arrête ce navire à Alger. Courbet le retrouve dans le port et fait voile pour le Tonkin.

L'expédition à laquelle le nom de Courbet reste étroitement attaché va lui fournir l'occasion de se montrer tel qu'il est : savant et actif, sûr et prévoyant, aussi apte à préparer une opération qu'à conduire ses navires et ses marins en face de l'ennemi.

Accoutumé jusqu'alors à servir sans bruit dans une carrière dont il parcourut tous les degrés hiérarchiques avec non moins de modestie que d'honneur, Courbet était peu connu jusque-là. Il passait pour un officier instruit, sage, temporisateur, capable d'organiser, de calculer, de bien commander même, mais dépourvu des talents suprêmes qui caractérisent le vrai chef de guerre. Il allait bientôt se révéler comme un capitaine hors ligne.

Relevons une judicieuse remarque de M. Ganneron. Si la mort était venue frapper Courbet en 1879 ou même quelques années plus tard, alors qu'il était contre-amiral et commandant de la division d'essais, quoique connu de la marine, il eût été complètement inconnu du pays. Et, en guise de conclusion, le même auteur dit avec raison que, dans notre flotte comme dans notre armée, « il existe aujourd'hui des hommes à qui l'occasion seule manque pour déployer des talents de premier ordre ; il faut que le gouvernement les recherche, les épie, sans s'attacher à des dehors plus au moins brillants, mais en poussant au fond des choses et en constatant, par des preuves irrécusables, la capacité de chacun. »

Chose singulière! De même que le général Chanzy lorsqu'il fut appelé au commandement de l'armée de la Loire, Courbet n'avait pas encore reçu le baptême du feu ou du moins n'avait jamais assisté à un combat en règle, lorsqu'il prit la direction militaire des affaires du Tonkin.

Mais les Français de bonne race, comme Chanzy et Courbet, n'ont pas besoin d'un long apprentissage. Ils se forment vite ; on l'a bien vu pour l'un et pour l'autre. Ces deux exemples permettent de penser, comme nous venons de le dire, que des hommes de leur trempe ne seraient pas rares chez nous à une heure donnée.

Arrivé à Saïgon au mois de juillet 1883, Courbet y rencontrait le commissaire civil du Tonkin. Du premier coup d'œil, il faisait reconnaître à ce dernier que, pour être sûr du succès, il fallait porter l'effort sur Hué, la capitale de l'Annam, afin de mettre le souverain de ce pays hors d'état de nuire à notre cause.

Le plan de Courbet fut soumis au gouvernement français, qui fit des objections. « Je réponds de tout, » dit l'amiral. En présence d'une déclaration aussi ferme, le gouvernement donnait l'ordre, le 19 juillet, de procéder au bombardement des forts de Thuan-An, qui défendent Hué.

Courbet quittait aussitôt Saïgon et allait rejoindre la division navale du Tonkin, qui était mouillée dans la baie d'Ha-Long depuis le 18 juillet. Le 30 suivant avait lieu à Haïphong une première conférence entre Courbet, le commissaire civil et le commandant des troupes de terre à propos de l'attaque des forts de Thuan-An. L'attaque fut fixée au 15 août. Toutefois, ce délai se trouva retardé.

Le 14 août, la division navale quittait la baie d'Ha-Long et arrivait le 16 dans la baie de Tourane ; elle la quittait le 18 à huit heures du matin et s'embossait devant les forts de Thuan-An à deux heures ; le pavillon français était alors hissé pour commencer le bombardement.

L'amiral, aussi tranquille que s'il se trouvait dans un port de la mère-patrie, commanda le feu. Un obus lancé du *Bayard* donna le signal. L'action était engagée. Un feu nourri foudroya les forts ennemis, qui ne répondirent pas tout d'abord ; mais la riposte se produisit avec une force de résistance à laquelle on était loin de s'attendre.

Les feux des forts annamites étaient presque éteints à sept heures du soir ; le bombardement cessa aussitôt.

Le débarquement des troupes françaises devait se faire le lendemain à quatre heures du matin, mais, en présence de la houle qui s'était levée subitement, il y eut contre-ordre de l'amiral.

Le bombardement reprit dans la journée, mais pendant fort peu de temps; le feu des ennemis ne tint pas dix minutes. Les Annamites étaient en proie à la plus affreuse panique.

Le 20 août, à six heures du matin, le corps de débarquement gagnait la terre, pendant que tous les navires de l'escadre bombardaient les forts. Chacun des ouvrages défendus par les ennemis furent successivement enlevés. Ce hardi coup de main les saisit; ils s'échappèrent, affolés, laissant la place à nos soldats.

Cette victoire ne nous coûta pas un homme; il n'y eut que dix soldats légèrement atteints. Il était alors neuf heures du matin.

Cependant, à trois heures de l'après-midi, le canon grondait de nouveau. Les soldats annamites des forts du sud rouvraient le feu. L'amiral envoya aussitôt deux petites canonnières qui ne tardèrent pas à s'emparer des derniers forts. L'ennemi était alors en pleine retraite. L'amiral et le commissaire civil entrèrent dans la ville et félicitèrent les troupes.

La paix! la paix! demandaient le lendemain les envoyés du roi d'Annam; et, en effet, le 25 août un traité était signé à Hué. L'Annam se plaçait sous notre protectorat.

A la suite de cette brillante action, le commandant de la division navale fit afficher pendant vingt-quatre heures (23 août) l'ordre du jour suivant :

« Vous avez vaillamment combattu. Vous avez montré une fois de plus ce que la France peut attendre de votre patriotisme.

» Le roi d'Annam a demandé une suspension d'armes; le commissaire général civil est à Hué pour traiter.

» En quelques jours, vous avez donné un nouveau prestige au nom français dans l'extrême-Orient.

» Voilà les premiers résultats de vos succès.

» La France entière y applaudira. »

Et cette paix, si ardemment sollicitée par les Annamites, elle était signée à Hué, dont l'entrée avait été jusque-là interdite aux Européens!...

« Les mandarins, non remis encore de leur stupeur, ont apposé leurs cachets en tremblant au bas de la feuille diplomatique. Ils accusent plus de douze cents morts et plus de quinze cents blessés. La population annamite est terrifiée. Les coups ont été portés avec la rapidité de la foudre. C'est encore la marine qui a eu tous les succès. »

Cette victoire, qui était une victoire sans larmes, puisqu'elle ne nous coûtait aucune perte d'homme, inaugura glorieusement la série des victoires que l'amiral Courbet allait remporter en extrême-Orient.

Ce succès nous assurait la liberté de la rivière d'Hué.

Le 22 août, l'amiral écrivait à l'un de ses amis : « Les journaux vous auront appris les exploits de la division navale du Tonkin aux environs de la rivière d'Hué, ou pour mieux dire à l'entrée de cette rivière.

« L'affaire a été brillante et ne peut pas manquer d'avoir une grande influence sur nos intérêts au Tonkin. Tout s'est bien passé. Entente parfaite entre l'amiral et ses compagnons d'armes ; il y en a même avec le temps, sur lequel la saison ne permettait guère de compter, et qui nous a favorisés au dernier moment. »

A la nouvelle de ce premier succès, le ministre de la marine télégraphia à Courbet pour lui transmettre l'expression de la satisfaction du gouvernement pour lui et pour les « braves gens » placés sous ses ordres.

Depuis trois ou quatre ans, le gouvernement annamite faisait cause commune avec nos ennemis, violait tous les traités et commettait toutes les fourberies familières à la diplomatie d'extrême-Orient. Ce coup décisif lui infligea une leçon rigoureuse. Il demanda la paix et accorda tout ce qu'on lui demanda pour éviter de plus redoutables catastrophes; il se dit même ensuite notre ami le plus fidèle, notre allié le plus dévoué. Mais ces peuplades n'entendent qu'une voix, celle du canon.

CHAPITRE IV

Sontay.

Après le traité d'Hué, l'amiral Courbet retournait dans la baie d'Ha-Long, d'où il écrivit à l'un de ses amis que nous étions alors raccommodés avec l'Annam, mais que du même coup nous étions brouillés avec la Chine; il prévoyait que des difficultés surgiraient de ce côté.

Le 25 octobre 1883, Courbet était nommé commandant en chef des troupes de terre et de mer opérant au Tonkin. Il confia alors au contreamiral Lespès le soin de diriger l'escadre et se réserva pour lui-même la direction des services militaires. Il établit son quartier-général à Hanoï. En ce moment, il réunissait dans ses attributions tous les services importants du corps expéditionnaire.

Les premiers succès, il faut l'avouer, n'étaient d'aucun résultat pratique. Le gouvernement reconnut la nécessité d'envoyer des renforts, afin de doubler l'effectif des troupes du Tonkin. Ces renforts, expédiés de France et d'Algérie, arrivèrent au mois de décembre. Le total des forces s'élevait alors à plus de 13,000 hommes.

Nos plus sérieux ennemis étaient les *Pavillons-Noirs*. Ils avaient établi leur quartier-général à Sontay, place forte située à l'entrée du delta du fleuve Rouge. La position stratégique de cette place semblait la rendre inviolable. Elle allait devenir l'objectif de l'amiral Courbet. Du premier coup d'œil, il comprit bien qu'il fallait commencer par ce point important : Sontay pris, Bac-Ninh tomberait ensuite.

Le 10 décembre au soir, l'ordre est donné aux troupes de quitter Hanoï le lendemain à six heures du matin. Tous les préparatifs avaient été exécutés avec la plus minutieuse attention et les services auxiliaires parfaitement bien organisés.

Le 11 décembre, l'ordre de mise en route étant signé, les troupes se mettent en marche sur deux colonnes : l'une prend la voie de terre et l'autre remonte le fleuve Rouge. L'amiral Courbet et son chef d'état-major s'embarquent à bord du *Pluvier*. L'effectif est de 7,000 hommes appartenant aux armes les plus diverses.

La seconde colonne débarque à cinq heures du soir à dix kilomètres de Sontay. Elle part le 12, à midi, et opèresa jonction le lendemain avec la première colonne, dont la marche a été retardée par le passage du Day, affluent du fleuve Rouge. Les troupes ne sont plus qu'à six kilomètres de Sontay.

Le 14, à six heures du matin, l'armée se met en marche en ordre de combat sur deux colonnes sous le commandement direct de l'amiral; elle avance lentement, et, deux heures plus tard, un coup de canon donne le signal de l'action.

L'attaque a d'abord lieu sur le fort de Phu-Sa, qui sert de défense à Sontay; aussi l'amiral a jugé nécessaire de concentrer l'action sur ce point. Les fortifications de Phu-Sa avaient une longueur de trois kilomètres; elles étaient bordées d'un fossé plein d'eau et d'une haie de bambous vivants de deux mètres d'épaisseur; c'est, paraît-il, le meilleur système de défense.

Laissons la parole à l'amiral Courbet lui-même :

« Au signal du colonel Belin, nos troupes s'élancent avec un élan admirable. Le bataillon Jouneau, son commandant et la compagnie Godinet en tête, file presque homme par homme en dedans de la branche Nord, au-dessous et en arrière des casemates ennemies, tandis que les bataillons Chevalier et Roux traversent, non sans difficulté, la plaine marécageuse qui précède le retranchement crénelé. Sur la branche Sud, les compagnies Cuny et Doucet, soutenues par une partie du bataillon Reygasse, enlèvent à la baïonnette la partie qui défend le passage ; le capitaine Doucet trouve dans cette attaque une mort glorieuse. Ces compagnies gagnent au pas de course le point de jonction des deux branches, y rallient le bataillon Jouneau qui s'en est emparé quelques instants avant. Mais l'ennemi, repoussé, fait une résistance intrépide ;

solidement établi derrière la barricade élevée en travers à cent mètres au-delà du point de jonction, embusquée dans le village qui borde la branche Sud à notre gauche, il dirige sur nos troupes un feu meurtrier. Deux fois la compagnie Godinet, soutenue par la compagnie Cuny, se précipite à l'assaut de la barricade, deux fois son élan vient se briser contre un obstacle infranchissable.

« Le capitaine Godinet et son adjudant sont tués, le commandant Jouneau reçoit une balle dans la cuisse, le capitaine Cuny, qui le remplace, tombe frappé d'une balle quelques instants après. L'incendie des maisons voisines, allumé par l'ennemi, offre un nouvel obstacle. La nuit approche. »

A cinq heures, le combat était dans toute sa force. Prévenu alors de la gravité de la situation, l'amiral accourut avec tout son état-major. Il parcourut, à cheval et au pas, les digues que labouraient les balles des Pavillons-Noirs. A sept heures, l'engagement était général.

A huit heures, le combat cessait ; la nuit était venue. L'amiral Courbet quittait Phu-Sa après avoir fait construire un retranchement pour abriter ses soldats pendant la nuit et avoir fait amener quatre canons. Ces précautions ne furent point inutiles, car, pendant la nuit, l'ennemi tenta un retour offensif des plus terribles.

Pendant cette première journée, le spectacle était splendides urtout au moment de l'assaut, à cinq heures du soir. L'ennemi, fortement retranché, se défendit avec un grand courage ; il possède au plus haut degré l'entente de la fortification.

Nos hommes ne se conduisirent pas seulement avec la plus admirable bravoure, mais ils se battirent intelligemment, profitant de tous les accidents de terrain pour se mettre à l'abri, et restant toujours sous l'œil des officiers.

Le lendemain, 15 décembre, au matin, les soldats français s'aperçoivent que les Pavillons-Noirs ont abandonné les retranchements de Phu-Sa. L'amiral arrive sur les lieux à huit heures du matin ; il fait passer ses hommes de l'autre côté de la barricade qu'ils n'avaient pu prendre la veille. La journée se passe sans combat ; on enterre les morts et on se dispose à attaquer la citadelle de Sontay. Elle se compose d'une forteresse entourée de murailles construites par des ingénieurs français d'après le système de Vauban. Des tours, des fossés pleins d'eau, larges de vingt mètres et profonds de trois mètres, des massifs de terre et de maçonnerie et des retranchements complètent sa défense. Cette forteresse renferme les magasins, l'arsenal, le trésor, tous les services publics et la grande pagode. C'est cette place, surnommée « l'inviolable », que nos troupes vont bientôt réduire et dépouilleront ainsi de son glorieux surnom.

Le 16, deux reconnaissances sont envoyées pour deux attaques contre l'enceinte extérieure de Sontay. L'amiral envoie l'ordre de faire avancer l'artillerie et de canonner une pagode qui se trouvait dans un petit village avoisinant Sontay. Il fait en outre masser sur ce point toutes les troupes disponibles et arrive lui-même à deux heures d'après-midi. Il commence par aller reconnaître en personne la position ; il s'avance avec son état-major en avant de la ligne des tirailleurs ; après avoir examiné le terrain, il donne les ordres d'attaque. A deux heures trente, il était avec son escorte à moins de trois cents mètres de la porte Ouest, où il faisait concentrer tout l'effort.

C'est du petit tertre où il s'est établi « qu'il dirige en personne toute l'opération, se portant tantôt d'un côté, tantôt de l'autre et expédiant ses officiers pour communiquer ses ordres dans toutes les directions. L'ennemi ne tarde pas à s'apercevoir de sa présence, et le lui fait bien voir par le feu violent et continuel qu'il ne cesse de diriger de ce côté. Un des officiers d'ordonnance, M. Goldschœn, lieutenant d'infanterie de marine, reçoit, à côté de l'amiral, une balle en plein sur sa montre : il en est quitte pour une forte contusion ; sans sa montre, il aurait été tué raide. »

L'amiral Courbet, qui donna lui-même le signal de l'assaut, dirigea cette affaire avec une précision, une vigueur et une énergie admirables. Il montra en cette circonstance une bravoure personnelle qui en a fait un héros aux yeux de toute l'armée. Son exemple produisit sur les troupes un effet superbe, et le mouvement en avant s'est prononcé avec un ordre et un entrain remarquables.

La ligne des tirailleurs avance progressivement sur les fortifications, mais la nuit approche : il est cinq heures un quart.

Écoutons encore l'amiral :

« Vers cinq heures, les premières lignes de tirailleurs ne sont plus qu'à cent mètres du fossé. L'ennemi, ébranlé par un feu étourdissant, répond avec moins de vigueur; le soleil baisse. Le moment est venu de tenter l'assaut.

» L'artillerie cesse son feu; je commande : « En avant! » Les clairons sonnent la charge ; nos vaillants soldats se précipitent aux cris de « Vive la France! »

La légion étrangère, ayant à sa tête le commandant Donnier, court vers la porte murée, le bataillon des marins, guidé par le commandant Laguerre, vers la poterne de droite, où s'élance également la compagnie Bauche, du bataillon Dulieu. Les troupes désignées pour rester en réserve trépignent d'impatience ; le colonel Bichot est obligé de se multiplier pour les empêcher de suivre leurs camarades.

» L'ennemi dirige sur nos braves un feu intense ; plusieurs tombent, mais rien n'arrête leur élan. La tête de colonne de la légion étrangère, ne pouvant franchir la porte murée, file vers la droite le long de la fortification et réussit à se frayer un passage à travers le fouillis inextricable de bambous et d'obstacles de toutes sortes qu'y ont accumulé les défenseurs ; le capitaine adjudant-major Mehl tombe frappé d'une balle au milieu de ses hommes ; une partie des marins déblaie la poterne, tandis que d'autres traversent directement le fossé avec l'infanterie de marine et rejoignent la légion étrangère sur le talus extérieur du rempart : ceux que l'encombrement retient dehors couvrent le parapet de feux. Après des efforts inouïs, la haie de bambous cède.

» Le soldat Minnaert, de la légion étrangère, le quartier-maître Le Guirizec, des fusiliers marins, et le caporal Mouriaux, de l'infanterie de marine, entrés les premiers dans l'intérieur de la place, sont immédiatement suivis par des masses nombreuses. La batterie de la porte murée est tournée et envahie, les grands étendards noirs tombent et sont remplacés par le drapeau français ; les ennemis fuient en désordre vers la citadelle ; nos troupes les poursuivent à travers les rues. A cinq heures quarante-cinq, j'entre dans la place, accompagné de mon état-major général ; la nuit se fait rapidement, couvrant la retraite de l'ennemi, qu'il serait téméraire de poursuivre au milieu de l'obscurité dans une ville inconnue. Il faut s'arrêter au milieu de ce brillant triomphe et s'organiser contre un retour offensif. »

Nos troupes campent sur les positions conquises. Pendant la nuit des patrouilles parcourent les rues de la ville et s'avancent même jusque sous les murs de la citadelle, où règne le plus grand tumulte.

En faisant prendre ces sages précautions, qui, heureusement, devinrent inutiles, l'amiral pensait à la terrible nuit de Phu-Sa.

Le lendemain, 17 décembre, dès la pointe du jour, le colonel de Maussion et le commandant Laguerre s'avançaient prudemment pour reconnaître les approches de la citadelle; elle leur parut être une immense nécropole. En effet, le silence le plus complet régnait autour de ce fort, dont l'èmplacement n'occupait pas moins de quatre kilomètres carrés.

La reconnaissance s'aperçut que la citadelle était évacuée; elle y pénètra sans coup férir.

« A neuf heures du matin, dit l'amiral dans son rapport, j'y entrais moi-même accompagné du colonel Bichot et des chefs de l'état-major général, aux acclamations de nos vaillants soldats; un drapeau tricolore, formé de trois lambeaux de pavillons ennemis noués ensemble, flottait sur la tour de Sontay. Jamais trophée ne fit battre plus vivement le cœur d'un Français.

» On a su depuis que l'ennemi avait fui la ville en désordre aussitôt après l'assaut de la porte Ouest. Tout y indique une fuite précipitée. Canons, argent, munitions, vivres, vêtements, les défenseurs ont tout abandonné, tout, même leurs morts, malgré le respect légendaire que les Pavillons-Noirs eux-mêmes professent pour les victimes du feu de l'ennemi. »

En terminant son rapport, l'amiral disait :

« Si cruelles que soient ces pertes, les journées du 14 et du 16 resteront à jamais mémorables. Phu-Sa et Sontay ont leur place marquée dans nos plus glorieux souvenirs. Le corps expéditionnaire du Tonkin, composé d'éléments divers, mais animés du même souffle, a accompli des prodiges de valeur.

» Il ne fallait pas moins qu'un patriotisme ardent pour surmonter tant d'obstacles accumulés depuis plusieurs années, pour vaincre un ennemi aguerri, supérieur en nombre, bien armé, solidement retranché derrière ses palissades. La France doit être fière de ses enfants : L'honneur de ses armes ne pouvait être confié à de plus vaillants soldats. »

Et nous ajouterons : l'honneur de les commander ne pouvait être confié à un chef qui en fût plus digne.

Lorsque l'amiral monta sur la tour de Sontay, le cri de *Vive la France !* s'échappa de toutes les poitrines. Cette ovation spontanée parut toucher vivement le commandant en chef.

Pendant l'attaque de Sontay, Courbet fit preuve d'une bravoure et d'un sang-froid admirables.

Bien que commandant en chef, il marchait toujours à cheval en avant de ses hommes.

Il y eut cependant un moment où il fut distancé par des turcos qui, emportés par leur furia naturelle, allaient trop vite. L'amiral, piquant des deux, se jeta en travers de ces braves pour modérer leur ardeur, et les ramena sous la fusillade ennemie à leur rang de combat.

Rapportons quelques épisodes de ce combat et rappelons les paroles de quelques-uns de ces héros inconnus du devoir qui sacrifiaient leur vie pour soutenir le prestige de la France et défendre son drapeau.

Le soldat Reverdy tire de sa poche, au moment de monter à l'assaut à Phu-Sa, un petit drapeau qu'il attache à la baguette de son fusil; il l'élève au-dessus de sa tête et s'écrie : « En avant! Les turcos faiblissent; montrons-nous plus malins qu'eux et faisons la barbe aux Chinois. »

A la même affaire, le capitaine Godinet, des turcos, blessé d'une balle dans la tête, trouve encore la force de s'écrier : « Adieu ma compagnie!... En avant! »

Après l'affaire de Sontay, un jeune sergent de la légion étrangère, natif de Metz, subit l'amputation de la cuisse gauche. En regardant sa plaie, il prononce ces paroles : « Pauvre France! tu vois comment la Lorraine paie sa dette envers toi!... Une jambe de moins! C'est égal, il vaut encore mieux cela que d'être Prussien!!! »

Aux derniers moments de la résistance, alors que nos héroïques soldats, couverts de boue et la rage au cœur, tentaient le dernier assaut qui devait nous rendre maîtres de Sontay, l'amiral Courbet, entouré de son état-major, se tenait debout sur un mamelon tout près des remparts. Il sentait qu'il fallait, dans ce moment suprême, que les troupes fussent enlevées, et il payait de sa personne. C'est que l'action devait être décisive, tous, Français et Chinois, le comprenaient bien.

Tout à coup, la résistance diminue comme par enchantement ; on croirait qu'un vent méphitique vient de passer sur ces têtes bronzées; les coups de feu deviennent moins nourris; quelques minutes après, plus rien. Que s'était-il donc passé?

Le vice-roi du Yun-Nan, qui avait toujours considéré Sontay comme une forteresse imprenable, apprenant que nos troupes osaient marcher sur cette ville, s'y était transporté pour venir y jouir de la vue de notre défaite.

Ce jour-là, il parcourait les rangs des Chinois, les poussant à la résistance à outrance, quand il aperçut l'amiral à cent cinquante mètres à peine, sur un tertre qui servait depuis longtemps déjà de point de mire. Se retournant alors vers le second chef des Pavillons-Noirs :

— Terrible soldat, lui dit-il, tu as là, devant toi, le chef de ces bandes de barbares qui ont juré notre mort; tu passes pour le plus habile de nos tireurs, fais-nous voir que tu es à la hauteur de ta réputation.

L'officier ainsi interpellé épaula, mais, avant qu'il eût le temps de presser sur la gâchette, il tomba foudroyé, percé de quatre balles, sur le corps du vice-roi; celui-ci, la poitrine traversée de part en part, expira en même temps.

Le bruit de leur mort courut sur les remparts comme une traînée de poudre; une heure après, nos troupes entraient victorieuses dans la place.

La ville de Sontay fut livrée au pillage, et les vaincus n'eurent aucun quartier; nos soldats usèrent de représailles. Ils n'avaient pas oublié que lorsqu'ils étaient entrés dans le fort de Phu-Sa, la plus horrible scène s'était offerte à leurs regards; ils avaient vu les cadavres sanglants et mutilés de neuf turcos et de trois soldats d'infanterie de marine, la tête séparée du tronc. Un turco avait été attaché à deux pieux ; ces barbares lui coupèrent les pieds et les mains, puis le brulèrent à petit feu à l'aide de fusées et de compositions enflammées placées sur ses blessures.

Les Chinois commirent mille atrocités de ce genre, atrocités telles que leur barbarie seule peut les concevoir.

Sontay prise, l'amiral Courbet ne put couper la retraite des débris de l'armée des Pavillons-Noirs, parce que les forces dont il disposait ne le lui permettaient pas ; il se borna à envoyer la canonnière *l'Eclair* pour l'empêcher de franchir la rivière Noire.

Le 17 décembre, le commandant en chef adressa à ses troupes l'ordre du jour suivant, qui est un modèle de simplicité :

« Soldats et Marins,

» Les forts de Phu-Sa et la citadelle de Sontay sont désormais illustrés par votre vaillance. Vous avez vaincu un ennemi redoutable et montré une fois de plus au monde entier que la France peut toujours compter sur ses enfants.

» Soyez fiers de vos succès, ils annoncent la pacification du Tonkin. »

Après la prise de Sontay, dont le résultat était considérable, l'amiral Courbet ne s'endormit point sur ses lauriers. Il fit mettre la place en état de défense, réprima la piraterie et prépara l'expédition qu'il méditait sur Bac-Ninh, en attendant les renforts qu'il avait sollicités.

Le cabinet fit droit en effet à sa demande et envoya des renforts qui portaient les forces du corps expéditionnaire du Tonkin à un effectif dépassant celui d'une division.

Outre que l'idée d'un marin, commandant des troupes de terre paraissait choquante, il n'était pas possible que Courbet commandât une division, puisque son grade de contre-amiral ne lui donnait que rang de général de brigade. Le gouvernement ne se montrait donc pas injuste envers lui en envoyant en même temps que le renfort un général de division pour commander le corps expéditionnaire.

Le général Millot, qui devait prendre le commandement des troupes de terre, arriva à Hanoï au mois de février 1884.

C'est par l'ordre du jour suivant que l'amiral Courbet se sépara du corps expéditionnaire :

« SOLDATS ET MARINS,

» Il y a deux mois, nous marchions sur Sontay.

» Je comptais bien vous conduire à Bac-Ninh. Cet honneur ne m'est point réservé. Sous peu de jours, je dois remettre à M. le général Millot le commandement en chef de l'expédition du Tonkin.

» Recevez mes adieux. C'est avec un profond chagrin que je vous quitte. Jamais je n'oublierai avec quelle bravoure vous avez tenu le drapeau de la France. Mon ambition eût été de partager encore vos dangers et votre gloire, et j'applaudirai de cœur à vos nouveaux succès. »

Dans une réunion des officiers présents à Hanoï que l'amiral Courbet avait rassemblés pour leur faire ses adieux avant de quitter le commandement, le général

Bichot lui adressa les paroles suivantes :

« Amiral, j'ai l'honneur de vous présenter le corps d'officiers faisant partie du corps expéditionnaire du Tonkin; je suis l'interprète des camarades qui sont à Sontay, à Nam-Dinh, Haï-Phong, en vous exprimant les regrets qu'ils éprouvent tous de ne pouvoir vous faire leurs adieux.

» Amiral, nous regrettons tous de ne pouvoir continuer, sous votre commandement, l'œuvre que nous avons commencée avec tant de succès, et que nous voudrions achever avec vous. Vous partez, amiral, avec les sympathies des troupes placées sous vos ordres et qui n'oublieront pas votre nom dans leurs succès futurs. »

L'amiral Courbet répondit en ces termes :

« Mon cher général,

« Je suis très touché des bonnes paroles que vous venez de prononcer. — Messieurs, je vous ai réunis pour vous faire mes adieux; avant de vous quitter j'ai tenu à le faire de vive voix.

» J'attends tous les jours l'arrivée de mon successeur qui doit prendre la direction des troupes que j'étais heureux et fier de commander. Je me rappellerai toujours votre entrain et votre courage à l'assaut de Phu-Sa et de Sontay; et, s'il s'était trouvé là un représentant d'une puissance étrangère et jalouse, assurément cet élan lui eût donné à réfléchir.

» Messieurs, je vous quitte; je ne vous dis pas : adieu, mais au revoir; je suivrai vos succès de loin, mais, de cœur, je serai tout près de vous. »

En prononçant ces dernières paroles, l'amiral pouvait à peine surmonter son émotion. Il passa successivement devant chaque officier et serra affectueusement la main de chacun de ces braves.

Nous n'aurions garde d'oublier de rapporter le trait suivant, qui prouve à quel point l'amiral Courbet était adoré de ses marins. Ce fait eut lieu après la remise de son commandement.

« Sachant combien ses équipages lui sont dévoués et voulant éviter toute démonstration, l'amiral se décide à quitter Haï-Phong pendant la nuit afin d'arriver sans être remarqué par la flotte qui est mouillée dans la baie d'Ha-Long ; mais il a compté sans l'attachement des *mathurins*.

» Vers deux heures du matin, les sentinelles des vaisseaux de guerre aperçoivent des lumières rouges descendant le Song-

Cau. Un sifflet se fait entendre. C'est l'aviso *le Parseval*, qui est allé chercher le commandant de l'escadre.

» Aussitôt une rumeur circule à bord : « L'amiral arrive ! » A cette nouvelle, et spontanément, sans aucun ordre, les matelots sautent à bas des hamacs et accourent sur le pont. En un clin d'œil, les haubans, les bastingages sont couverts de monde.

» Un hourrah retentissant s'élève dans le silence de la nuit. « Vive l'amiral ! »

» Ces cris enthousiastes se continuent de vaisseau en vaisseau, pendant que l'amiral accoste *le Bayard*, sur lequel flotte son pavillon de commandement.

» On peut dire que jamais souverain ne reçut une ovation pareille à celle qui fut faite cette nuit-là au brave amiral Courbet. »

Le 13 février, il remontait sur *le Bayard*

et reprenait la direction de la division navale, que, du reste, il n'avait pas cessé un seul instant de diriger.

Ce qui l'attristait le plus, dit l'un de ses biographes, « c'était de se voir réduit à la mission pénible, mais peu glorieuse, de maintenir le blocus des côtes du Tonkin ; cependant, avec ce sentiment du devoir que nul n'a possédé à un plus haut degré, il s'appliqua de tout son pouvoir à remplir ce rôle modeste. »

Le 1er mars 1884, Courbet était nommé au grade de vice-amiral. C'est par la lettre suivante, qui lui fait le plus grand honneur, que le ministre de la marine lui annonçait cette bonne nouvelle :

« Le gouvernement a voulu récompenser ainsi avec éclat, vos brillants services, et je tiens à vous témoigner moi-même que j'apprécie hautement la façon dont vous vous êtes acquitté du commandement en chef des troupes de terre et de mer au Tonkin.

» L'organisation du blocus des côtes du Tonkin, le succès de Thuan-An, la distinction avec laquelle vous avez exercé le commandement à terre dans des circonstances délicates et particulièrement difficiles ; la prise de Sontay qui a donné, peu de temps après, un nouvel éclat à nos armes, et affermi notre situation, l'habileté dont vous avez fait preuve en préparant les opérations ultérieures, sont autant de titres que je me suis fait un devoir de faire valoir auprès du Président de la République.

» Je suis heureux, Monsieur le Vice-Amiral, de rappeler ces nouveaux services que vous avez rendus au pays et qui font honneur à la marine.

» En raison de l'état douteux de nos relations avec la Chine et la tournure que peuvent prendre les événements dans ces parages, vous conserverez provisoirement le commandement en chef de la division navale du Tonkin, rien n'étant changé du reste aux instructions que je vous ai adressées, et qui vous prescrivent, en cas de conflit avec la Chine, de prendre le commandement en chef de toutes nos forces navales dans ces mers. »

Le même ministre écrivait encore au nouveau vice-amiral le 28 mars suivant :

« Dans l'ordre du jour que vous avez adressé aux troupes, lors de la remise du commandement à terre à M. le général Millot, vous exprimiez le regret de n'avoir pas à les conduire à Bac-Ninh. Nul n'était, en effet, plus digne que vous, Monsieur le Vice-Amiral, de mener de nouveau au feu les troupes que vous aviez si vaillamment commandées, et j'aurais été heureux de vous voir rester à leur tête ; il n'a pas dépendu de moi qu'il n'en fût ainsi. »

CHAPITRE V

La rivière Min. — Fou-Tcheou.

Le 11 juin 1884, un traité était signé à Tien-Tsin entre la France et la Chine. La guerre paraissait terminée, lorsque le guet-apens de Bac-Lé vint rouvrir les hostilités. Voici ce qui s'était passé.

Une colonne avait été chargée d'aller prendre possession de Lang-Son en conformité du traité signé par la Chine ; elle comptait environ 400 hommes. Arrivée dans la clairière de Bac-Lé le 24 juin, elle fut attaquée par 8,000 Chinois, qui violaient ainsi le traité conclu à Tien-Tsin.

Un ultimatum fut lancé et des négociations s'ouvrirent. Suivant leur coutume, les Chinois cherchèrent à gagner du temps. Ils demandèrent et obtinrent successivement trois délais. En leur accordant le dernier délai, le gouvernement français stipula que notre escadre « entrerait dans la rivière Min et mouillerait devant l'arsenal de Fou-Tcheou. Ce point a son importance. Ce n'est pas, en effet, par surprise, ainsi que l'on a prétendu, que nos bâtiments pénétrèrent dans la rivière Min, mais bien du consentement des autorités chinoises, et en échange d'un avantage diplomatique que nous leur faisions. »

L'amiral Courbet recevait l'ordre, le 12 juillet, d'aller mouiller avec sa flotte devant Fou-Tcheou, la ville la plus importante de l'empire du Milieu, puisqu'elle compte six cent mille habitants ; elle possédait le plus vaste arsenal de la Chine.

Le jour même de la réception de cet ordre, l'escadre française entrait dans le Min, à la grande satisfaction des Chinois, qui espéraient bien la faire prisonnière.

Ils avaient compté sans la science du chef et sans la valeur des soldats, dit M. A. Gervais, le premier biographe de l'amiral Courbet.

Le même auteur ajoute : « Cependant l'escadre chinoise, en voyant arriver nos bâtiments, aurait bien voulu lever l'ancre pour échapper à un si dangereux voisinage; mais l'amiral Courbet notifia au commandant des forces célestiales l'ordre de rester à son mouillage sous peine d'être immédiatement bombardé. Défense lui fut faite en même temps de couler des bateaux remplis de pierres qui étaient réunis aux environs de la passe de Kimpaï et qui eussent bloqué notre flotte dans la rivière.

« D'ailleurs, pour parer à cet inconvénient, l'amiral détacha deux de ses bâtiments avec mission de surveiller l'embouchure du Min. »

Les deux escadres française et chinoise restèrent en présence devant Fou-Tcheou du 12 juillet au 22 août feux allumés et canons chargés. La première comptait neuf bâtiments de mer en bois, dont un seul cuirassé ; la seconde comprenait onze bâtiments, treize jonques de guerre et nombre de brûlots remplis de matières explosibles.

L'amiral avait quitté Shang-Haï le 13 juillet pour rejoindre *le Bayard* au mouillage de l'île Matsou, à quinze milles de l'embouchure du Min; comme ce navire ne pouvait remonter cette rivière, Courbet le quittait presque aussitôt et montait, le 16, sur *le Volta* à l'ancrage devant l'arsenal de Fou-Tcheou.

Durant les négociations, les flottes

restaient toujours en présence, mais les ennemis employaient utilement ce temps en travaillant nuit et jour aux fortifications, en établissant de nouvelles batteries, en augmentant le nombre de leurs navires et surtout le nombre de leurs troupes. Ils étaient tellement certains du résultat final que leur outrecuidance avait dépassé toute mesure.

L'amiral Courbet, paraît-il, ayant fait demander une entrevue au commissaire chargé du commandement suprême des troupes chinoises, en reçut cette arrogante réponse : « Si vous désirez combattre, combattez d'abord et venez me voir ensuite. Si vous désirez la paix, adressez-vous à un autre, car je ne suis pas pacifique de ma nature. Si vous tenez à venir me voir par admiration pour ma renommée, vous pouvez le faire, mais soyez certain que je ne vous rendrai pas votre visite. »

Le 22 août, vers cinq heures du soir, un télégramme arrivait qui autorisait l'amiral à ouvrir le feu.

Le commandant des forces navales françaises assemble aussitôt son conseil de guerre. « Il faut en finir avec les Chinois, dont l'insolence n'a plus de bornes, surtout depuis l'avarie du *Hamelin*, éclaireur d'escadre, commandé par M. Roustan, capitaine de frégate, qui, plusieurs jours auparavant, s'est échoué dans la rivière Min, en voulant la remonter.

» Tous les capitaines de navire qui doivent prendre part au combat du lendemain se réunissent à bord du *Volta*.

» Froid, impassible, l'amiral donne ses ordres.

— » Notre premier devoir, dit-il, est de couler la flotte chinoise ; ce ne sera pas long, je l'espère !

« C'est ainsi qu'il débute ; puis, chacun

recueilli, enthousiasmé, fier de son chef, reçoit ses instructions. L'amiral désigne aux lieutenants Douzans et Latour les vaisseaux qu'ils doivent faire couler. On se sépare. »

Dès le 20 août, des bruits précurseurs avaient couru que le jour décisif arrivait; des mouvements continuels dans les bâtiments des deux escadres confirmaient ce bruit.

Bref, le samedi 23 août, dans la matinée, le vice-consul de France à Fou-Tcheou informait le vice-roi que les hostilités allaient s'ouvrir.

L'amiral Courbet adressait à ses troupes l'ordre du jour suivant :

« ÉTATS-MAJORS ET ÉQUIPAGES,

» Il y a aujourd'hui deux mois, nos soldats étaient victimes à Lang-Son d'une infâme trahison.

» Cet attentat est déjà vengé par la bravoure de vos camarades de Kelung et par la vôtre. Mais la France demande une réparation plus éclatante encore. Avec de vaillants marins comme vous, elle peut tout obtenir. »

On pensait voir commencer le combat à midi, mais on attendait *la Triomphante*, qui faisait son apparition dans la rivière Min à une heure.

Nous trouvons une excellente relation de ce combat dans l'ouvrage de M. Gervais, qui, du reste, s'est servi du rapport de l'amiral. Nous lui ferons les emprunts suivants :

« Vers une heure et demie, l'amiral signalait aux bâtiments de se tenir prêts à attaquer conformément au plan. Voici en quoi il consistait.

» Dès le début, les torpilleurs 45 et 46 s'élanceraient respectivement sur le croiseur et l'un des cinq transports-avisos soutenus par *le Volta;* celui-ci devait aussi ouvrir le feu sur les jonques de guerre dont il était le principal point de mire. En même temps, les trois canonnières *Aspic, Lynx, Vipère*, se porteraient rapidement à hauteur de l'arsenal et livreraient combat aux trois transports-avisos qui s'y trouvaient. Quatre canots à vapeur armés en guerre devaient protéger *le Volta, la Vipère, le Lynx* et *l'Aspic* contre les canots-torpille chinois.

» *Le Duguay-Trouin*, *le Villars* et *le d'Estaing* devaient attaquer les trois bâtiments mouillés auprès d'eux, combattre les jonques de guerre et réduire une batterie voisine de la Pagode et trois batteries qui dominaient l'arsenal. Leurs canots à vapeur, armés en guerre, pareraient aux attaques des canots-torpille ennemis. Aussitôt après que les trois bâtiments seraient hors de combat, *le d'Estaing* devait couler dans un petit canal situé près de la douane, un certain nombre de jonques qu'on disait armées pour l'abordage.

» Ce plan fut exécuté avec un ensemble parfait.

» *La Triomphante* venait à peine de rallier l'escadre, il était alors une heure cinquante, lorsque le drapeau rouge, signal du combat, fut hissé au grand mât du *Volta*. Amené aussitôt après, il y était immédiatement remplacé par un grand pavillon tricolore. En même temps, *le Lynx* tirait le premier coup de canon et toute l'escadre ouvrait le feu.

» La réponse des Chinois fut si rapide que le bruit de l'attaque et celui de la riposte parvinrent simultanément aux oreilles de ceux qui assistaient au combat. En même temps, les torpilleurs se précipitaient contre les bâtiments qui leur avaient été désignés.

» Pendant quelques minutes, un nuage de fumée enveloppa les combattants; une grêle de projectiles siffla autour d'eux. A la première éclaircie, on put apercevoir les effets de notre attaque. Le croiseur *Yang-Ou* se jetait à la côte après avoir été crevé par le torpilleur 45, tandis que le transport-aviso *le Fou-Po*, atteint par le torpilleur 46, mais d'une façon moins désastreuse, continuait de résister; les autres bâtiments paraissaient déjà avoir de graves avaries. Trois autres transports-avisos, désemparés et incendiés par les obus du *Duguay-Trouin*, du *Villars*, et du *d'Estaing*, étaient emportés par le courant, s'échouaient, puis coulaient à quelques milles plus bas. Quelques instants après c'était le sort de deux canonnières. Aussitôt le premier choc produit, le feu se ralentissait et les coups très bien dirigés achevaient la destruction de toute la flottille chinoise.

» Deux canonnières parvenaient cependant, grâce à leur faible tirant d'eau, à gagner le haut de la rivière.

» Les Chinois avaient quelque peu résisté. Voici comment deux officiers du bâtiment américain *l'Entreprise*, témoins oculaires du bombardement, rapportent la bataille.

» D'abord, *la Triomphante* dirigeait tout son feu sur les forts de la partie de la Pagode où se trouvaient des batteries armées de canons Krupp ; mais les résultats étaient insignifiants ; d'ailleurs ces forts ne gênaient en rien l'action de la flotte française qui se trouvait hors de leur portée. Aussi, changeant d'objectif, *la Triomphante* tira-t-elle, mais cette fois avec un résultat tout autre, sur les bâtiments chinois. Un de ses projectiles en effet atteignait bientôt l'un des croiseurs *le Ching-Waï ;* entré par l'arrière, le projectile balaya le pont et ressortit sous le beaupré. Le choc fut si violent que le navire chinois parut être entièrement soulevé hors de l'eau.

» Ce fut le signal d'un sauve-qui-peut général. Tout l'équipage abandonna le bâtiment. Les uns sautèrent dans des canots, ceux qui n'y purent trouver place se jetèrent à la nage et tous s'efforcèrent de gagner le rivage. Seuls, le capitaine, le premier lieutenant et quelques hommes restèrent à bord. Furieux de la lâcheté de leurs troupes, le premier soin des chefs fut de faire décharger sur les fuyards les canons qui étaient à batterie ; ils réussirent à couler deux barques. Puis le commandant chinois, voyant que son navire sombrait rapidement, s'efforça de le diriger vers *le d'Estaing*, — le bâtiment français qui était le plus proche — évidemment dans l'intention de s'accrocher à lui pour lui faire partager son sort. Mais cet espoir fut déçu. Atteint par une formidable décharge du *Villars*, le navire prit feu et ne tarda pas à sauter, mais, avant de faire explosion, le commandant chinois, avec une bravoure qu'on pouvait attendre d'une si noble résistance, garda un canon chargé jusqu'au dernier moment, et lorsque le navire éventré roulait son dernier roulis, il fit partir la seule pièce qui lui restait, envoyant ainsi le suprême adieu de haine de l'infortuné *Ching-Waï*.

» Cependant, à côté de cet exemple d'héroïque résistance, il y eut des scènes d'inénarrable lâcheté. Sur un bâtiment, le commandant et l'équipage se sauvèrent au premier coup de canon. Sur un autre, pendant quinze minutes environ, on tira le canon, mais, au premier coup reçu, le commandant fit mettre sa baleinière à l'eau et gagna le rivage, et alors l'équipage, profitant du départ du chef, dans sa joie de pouvoir se sauver, n'attendit même pas que les chaloupes fussent prêtes, et, laissant là le bâtiment, se jeta à la nage.

» Durant le restant de l'après-midi, les efforts des canonnières se concentraient ensuite sur le matériel flottant qui se trouvait devant l'arsenal et sur l'arsenal lui-même, pendant que les autres bâtiments éteignaient le feu des batteries de l'arsenal et de la pagode de l'île Losing. Le restant de la journée était ensuite employé à la destruction des canots porte-torpille, des jonques et des sampans qui paraissaient avoir été préparés comme brûlots.

» Le succès était complet. La flottille

chinoise n'existait plus. Tout le monde avait fait son devoir ; tous, officiers et soldats, avaient rivalisé de zèle, d'entrain et de courage. »

L'amiral Courbet, redoutant pendant la nuit quelque attaque des canots-torpille, prit les dispositions les plus minutieuses ; il se défiait également des brûlots échappés et des épaves en feu des bâtiments détruits. Il n'eut pas à regretter les mesures qu'il avait prises. En effet, vers neuf heures du soir, un transport chinois mis en feu par nos obus était remorqué vers notre escadre par deux grandes jonques que dirigeaient une trentaine de marins ennemis ; *le d'Estaing* lança quelques boulets qui coulèrent les jonques, mais le transport chinois, continuant à dériver au courant, menaça successivement plusieurs de nos vaisseaux.

Le lendemain 24, l'amiral ordonnait aux canots de détruire les jonques, les épaves en feu et les brûlots préparés par les Chinois. Pendant ce temps, il allait bombarder l'arsenal de Fou-Tcheou, et y produisait de grands dégâts. Il aurait voulu pouvoir s'emparer de la poudrière, mais il savait que les Chinois avaient réuni plus de dix mille hommes sur les hauteurs dominant la ville; il reconnut l'impossibilité de tenter un débarquement.

Après avoir fait enlever trois canons Krupp qui se trouvaient dans la batterie de la Pagode, l'amiral Courbet, voyant qu'il ne restait plus rien à faire, donna l'ordre à l'escadre de lever l'ancre. Il quitta *le Volta* et fit arborer son pavillon sur *le Duguay-Trouin*. Les bâtiments descendirent la rivière Min, et reçurent l'ordre de détruire les forts qui la bordaient. C'est à cette besogne que furent occupées les journées des 26 et 27 août. Le 28 et le 29, l'escadre attaqua les défenses de la passe de Kimpaï et les réduisit au silence à la fin du second jour.

Enfin l'escadre sortait triomphante du Min après avoir détruit les formidables défenses échelonnées sur plus de quarante kilomètres. Le 30 août, tous les navires se trouvaient réunis à l'île Matsou.

Un officier de l'escadre, tué devant Tamsui, écrivait, après la sortie du Min : « On a vaincu, personne n'en doutait ; mais l'opération a été conduite par l'amiral Courbet avec une telle netteté, une telle précision que nous sommes tous fiers d'obéir à un pareil chef. Tout est prévu ; jamais d'à coup, des ordres donnés brièvement et exécutés avec un admirable entrain.

» L'amiral obtient de tous le maximum d'effet avec le minimum de travail, et le travail a été énorme, car les équipages font le service comme à la mer depuis le jour de leur entrée dans la rivière Min, les canonniers aux pièces, les navires toujours en appareillage. La seule *Triomphante* a changé trente-six fois de mouillage dans cette campagne de cinq jours; le matelot est cependant satisfait malgré ses fatigues, il voit qu'il ne manœuvre jamais inutilement; c'est avec un tel chef et de tels hommes que l'on fait de grandes choses. »

Au début de l'action, à Fou-Tcheou, l'amiral se tenait sur la passerelle du *Volta*, où il avait arboré son pavillon. Les ennemis, qui avaient appris à connaître son costume, depuis six semaines qu'ils observaient notre escadre, firent pleuvoir une grêle de projectiles sur *le Volta*, qui servait de cible à l'armée chinoise.

Un obus Krupp tue un homme et atteint le pilote américain Thomas, qui meurt en répétant, dans sa langue maternelle, son mot d'encouragement : *Ferme ! droit !* Un autre obus tue trois marins du *Volta*. Ces projectiles n'empêchent point le commandant en chef de chantonner entre ses dents tout en se promenant au milieu des pièces, en compagnie de son chef d'état-major, de son secrétaire et de son aide-de-camp ; celui-ci, en allant porter un ordre, reçoit deux blessures produites par l'explosion d'un obus.

L'amiral ne cessa de surveiller tous les mouvements de la lutte, de diriger les nôtres, de donner des ordres avec un calme extraordinaire. « Une force surnaturelle, écrivait-il quelques jours plus tard, a semblé me protéger toute cette journée. »

Le 25 août, il quittait *le Volta* pour arborer son pavillon sur *le Duguay-Trouin ;* à cette occasion, le second du

Volta alla lui offrir, au nom de ses camarades, un ruban légendé ; il voulut prononcer quelques mots, mais ne put que pleurer ; il tendit le ruban à l'amiral, qui le porta toujours depuis à son chapeau de paille.

Nous ne devons point oublier de rapporter l'un des faits les plus beaux et les plus glorieux dont puisse se prévaloir la marine française, et qui donnera la mesure du courage calme, impassible et froid de l'amiral Courbet sous le feu de l'ennemi.

Une des batteries chinoises, armée de canons Krupp, de 24 centimètres, était disposée de telle sorte qu'elle ne pouvait tirer que perpendiculairement à la passe, de telle façon que, pour favoriser celle-ci, il fallait démonter cette batterie, dont les bouches seules sortaient des embrasures derrière lesquelles les pièces étaient à l'abri.

Le vice-amiral avait donc deux buts à

poursuivre : éteindre le feu de cette batterie formidable et franchir la passe.

Eteindre le feu de cette batterie Krupp, il le pouvait en se tenant en arrière et en tirant dessus.

Mais il a agi avec bien autrement de crânerie.

Sûr de ses équipages, sûr de la discipline et de l'habileté de ses canonniers, il s'est élancé à toute vapeur, passant résolument sous le feu de la batterie, mais si heureusement que ses canons, dirigés avec une précision de tir inouïe, envoyèrent leurs boulets dans les embrasures, démontèrent les canons et firent un affreux ravage.

Bien entendu que la batterie n'a pu tirer, ayant été détruite pour ainsi dire à la course par nos marins.

Autre épisode. La veille du combat de Fou-Tcheou, l'amiral avait retenu à dîner les deux lieutenants de vaisseau qui commandaient les torpilleurs 45 et 46. Après le repas, comme le soleil touchait déjà l'horizon du couchant, marquant la fin d'une journée qui pouvait être la dernière pour eux, l'amiral embrassa les deux officiers :

— Demain, dit-il, vous serez au poste d'honneur; je vous envoie à la mort ou à la gloire.

Nous avons vu ce que fut le lendemain. Le capitaine Douzans sortit sain et sauf. Le capitaine Latour y perdit un œil et vit presque tout son équipage tomber à ses côtés, ce qui ne l'empêcha pas d'être victorieux.

Le chef les avait envoyés à la mort. Ils avaient conquis la gloire.

Le lendemain de son arrivée à Matsou, l'amiral adressait à son escadre cet ordre du jour :

« États-majors et équipages,

» Vous venez d'accomplir un fait d'armes dont la marine a le droit d'être fière.

» Bâtiments de guerre chinois, jonques de guerre, porte-torpille, brûlots, tout ce qui semblait vous menacer au mouillage de la Pagode a disparu ; vous avez bombardé l'arsenal, vous avez détruit toutes les batteries de la rivière de Min.

» Votre bravoure et votre énergie n'ont rencontré nulle part d'obstacle insurmontable. La France entière admire vos exploits ; sa reconnaissance et sa confiance vous sont acquises.

» Comptez avec elle sur de nouveaux succès. »

C'est à la suite de cette série de glorieux combats que l'amiral Courbet reçut la médaille militaire, réservée, en dehors des sous-officiers et soldats, aux généraux et aux amiraux qui ont commandé en chef devant l'ennemi.

Rapportons les paroles et le trait de bravoure de l'un de ces héros du devoir.

Le lieutenant de vaisseau Latour avait reçu l'ordre dans la séance du conseil de guerre du 22 août de couler un vaisseau chinois avec le torpilleur n° 45. Il connaît de longue date le navire qu'il doit attaquer, *le Fou-Po*, l'ayant reconnu les jours précédents dans ses promenades, qu'il appelle, en vrai Parisien, *son tour du Bois*. Ses dispositions suprêmes, il les a prises.

— Qu'on envoie ma paie en France, dit-il le matin au commissaire du bord. Elle a trop de chance de tomber à l'eau avec moi. »

En remplissant la mission dont il a été chargé, le lieutenant Latour est atteint à l'œil par un Chinois.

Il ne perd pas son sang-froid.

Derrière lui, un matelot blessé pousse des gémissements :

— Pourquoi criez-vous ?

— J'ai le bras brisé, mon capitaine.

— Moi, j'ai l'œil crevé, et je ne dis rien.

— Pardon, mon capitaine... si j'avais su....

Et le matelot se tait.

Cette réponse ne vaut-elle point celle de Guatimozin ? Exposé sur un brasier, il répliquait à l'un de ses compagnons qui subissait le même supplice, mais en se plaignant : « Et moi suis-je sur un lit de roses ? »

CHAPITRE VI

Formose.

L'amiral Courbet passa le mois de septembre avec son escadre, qui comptait trente bâtiments, au mouillage de l'île Matsou. Ses équipages purent ainsi jouir d'un repos qu'ils avaient bien gagné. D'un autre côté, l'amiral profita de ce temps d'arrêt pour compléter ses approvisionnements en vivres, en charbon et en munitions.

Le gouvernement français examinait alors quel plan il devait adopter pour en finir avec les Chinois. Il fut décidé que l'on se saisirait de l'île Formose, et qu'on la conserverait comme gage jusqu'au jour où la Chine arriverait à composition.

En conséquence de la décision prise par le gouvernement français, l'amiral Courbet quittait l'île Matsou et mouillait en rade de Kelung le 1er octobre. Pendant qu'il prenait ses dispositions pour occuper Kelung, il donnait l'ordre au contre-amiral Lespès d'attaquer Tamsui. Ce plan était habilement conçu pour prendre Formose à l'est et à l'ouest.

« Le 1er octobre, à six heures du matin, l'escadre ouvrait le feu pendant que le premier bataillon opérait son débarquement sur le point indiqué, sans la moindre difficulté ; trois compagnies s'avançaient immédiatement contre les ouvrages chinois, ouvraient le feu à cent cinquante mètres, chassaient successivement les ennemis devant eux et les obligeaient à se réfugier derrière les parapets de la fortification du col ; mais là, les Chinois étaient pris à revers par la 26e compagnie qui, ayant gravi la montagne par un autre chemin, en couronnait la crête ; elle put ainsi attaquer l'ennemi de flanc et le délogea de ses positions par des feux meurtriers.

» A neuf heures, la déroute était complète. Le premier soin de l'amiral, qui s'était rendu, de sa personne, sur le lieu du combat, fut de défendre la position conquise contre un retour offensif des Chinois ; des tranchées-abris furent creusées, huit canons mis en batterie, et, le soir, le camp était en mesure de défier toute surprise. »

Le lendemain et les jours suivants furent employés à s'emparer des ouvrages établis autour de Kelung. L'ennemi avait évacué sa position sans songer à brûler ses casernes. « L'amiral fit détruire une partie des fortifications ainsi occupées, et modifier le reste pour le retourner contre l'ennemi; ce fut une œuvre assez longue et assez pénible, car, faute de pouvoir recruter des terrassiers dans le pays, il fallait faire travailler les soldats huit heures par jour. »

L'amiral Courbet avait attaqué Kelung avec huit bâtiments de guerre. Le même jour, le contre-amiral Lespès se présentait devant Tamsui avec quatre bâtiments. Le feu était ouvert le 2 octobre par les batteries chinoises sur la division française. Les quatre bâtiments français répondirent avec succès et avec précision au feu des Chinois, et ne tardèrent pas à démonter les pièces ennemies.

L'amiral Lespès ayant résolu de s'emparer du poste d'inflammation des torpilles envoya demander du renfort à l'amiral Courbet, afin de pouvoir opérer un débarquement. Le 8 octobre, les compagnies formant un effectif de six cents hommes environ étaient mises à terre. Descendues à neuf heures du matin, elles étaient de retour vers une heure, battant en retraite devant des forces supérieures en nombre : l'opération avait complètement échoué.

Cet échec contraria vivement l'amiral. Le 13 octobre 1884, il écrivait de Kelung, où s'étaient concentrées les troupes de débarquement :

« Vous me voyez toujours à Kelung ; j'espérais bien n'y passer qu'une quinzaine, que ce délai suffirait pour occuper en toute sécurité la ville et les mines. Je comptais sans l'échec de Tamsui, dont le contre-coup a été immédiat ici. Maintenant, je ne prévois guère que je puisse partir pour le nord avant les premiers jours de novembre, et encore ne pourrai-je emmener qu'une fraction de l'escadre.

C'est une campagne mal engagée; nous ne ferons rien de sérieux, ni ici, ni au Pet-chili, rien de sérieux au point de vue militaire, rien qui puisse amener la Chine à composition. »

Nos troupes étaient immobilisées à Formose. Pour reprendre l'offensive, il fallait de nouveaux renforts.

L'amiral Courbet déclara le blocus de la côte de Formose à l'effet d'empêcher les Chinois d'introduire dans cette île soit des renforts, soit des munitions. L'amiral Lespès fut chargé de surveiller ce blocus. Quinze bâtiments de guerre avaient reçu pour mission de croiser dans le canal de Formose et de visiter les bâtiments.

La ville de Kelung, dont la population pouvait être d'environ vingt mille âmes, se trouvait alors complètement déserte. Les efforts de l'amiral pour ramener les habitants, une proclamation conçue dans les termes les plus conciliants, tout resta sans effet.

L'amiral avait fait cantonner ses troupes dans des redoutes retranchées auprès de Kelung. Au point de vue militaire, les positions étaient excellentes, et les 1,600 hommes de l'infanterie de marine qui les gardaient suffisaient à faire face aux nombreuses escarmouches livrées par les ennemis. Le nombre des soldats réguliers chinois massés entre Kelung et Tamsui était de dix à quinze mille hommes.

Chacune de ces attaques était pour les Chinois une sévère leçon. Le 2 novembre, à six heures du matin, ils apparaissaient en force sur la route de Tamsui. Un combat acharné s'engagea. Les ennemis firent preuve d'une intrépidité remarquable, mais, fusillés à petite portée, ils battaient bientôt en retraite, après avoir subi des pertes considérables ; de notre côté, nous ne comptions qu'un homme légèrement blessé.

Pour ne pas se laisser surprendre par de nouvelles attaques et pour tenir les Chinois en éveil, l'amiral Courbet faisait effectuer d'incessantes reconnaissances.

Le 13 novembre, un combat s'engageait entre une colonne et un gros de Chinois, dont la présence à deux kilomètres de Kelung avait été signalée la veille par des éclaireurs. Les ennemis battirent en retraite après avoir démoli l'ouvrage qu'ils avaient élevé.

Pendant ce terrible blocus, qui devait durer de longs mois, sans profit pour l'état de nos affaires, la santé des soldats et des marins laissait beaucoup à désirer. « L'amiral s'occupait toujours avec un soin extrême des malades et des blessés ; l'hôpital et l'ambulance avaient toujours sa première, quelquefois son unique visite ; il prenait sur son temps de repos, sur ses nuits, pour aller voir passer un convoi de blessés, et leur adresser des paroles d'encouragement.

» A Kelung, tous les matins, par tous les temps, lors même que la houle rendait fort pénible l'embarquement en baleinière, il quittait *le Bayard* pour aller passer sa matinée à l'hôpital et parcourir les postes contaminés.

» Cette conduite impressionnait vivement les troupes et ne contribuait pas peu à le grandir à leurs yeux. »

Dans les premiers jours du mois de décembre, l'amiral Courbet apprit que les Chinois, enhardis par notre inaction, menaçaient nos positions et construisaient un ouvrage sur une hauteur dominant les retranchements occupés par les troupes françaises.

L'amiral envoya une colonne sur ce point ; elle détruisit la redoute et mit plus de trois cents ennemis hors de combat, tandis qu'elle ne perdait qu'un homme et ne comptait que sept blessés.

Pendant les mois de décembre et de janvier, des renforts arrivèrent successivement du Tonkin, de Cochinchine et d'Algérie. De temps à autre, on tentait quelques opérations dans le but d'élargir le cercle d'investissement, mais ces combats n'étaient que de simples engagements dont l'effet était à peu près nul.

CHAPITRE VII

Derniers succès : Sheipou. — Les Pescadores.

Dans le but de forcer le blocus de Formose, les Chinois avaient réuni une escadre composée de trois croiseurs, d'une corvette et d'une frégate; ces cinq bâtiments restèrent d'abord bien abrités dans le Yang-Tsé-Kiang, mais, à la fin du mois de janvier, ils quittaient leur abri et prenaient la mer.

L'amiral Courbet ne tarda pas à en être informé ; on lui apprenait que les bâtiments chinois devaient aller compléter leur armement à Fou-Tcheou.

L'occupation de Formose, nous l'avons dit, n'avait amené aucun résultat. Plus que tout autre, le commandant en chef de l'escadre déplorait cette situation ; l'inaction à laquelle il était assujetti lui pesait énormément. D'ailleurs, l'arrivée du colonel Duchesne, commandant supérieur des forces de terre, permettait à l'amiral Courbet de quitter pour quelques jours le mouillage de Kelung ; il voulait opérer un coup d'éclat, et, à cet effet, il conçut le dessein d'attaquer la flotte chinoise.

Il quittait Kelung le 5 février, à quatre heures du soir. Il montait sur *le Bayard* et partait accompagné de trois autres bâtiments. Il se rendait à Matsou dans l'espoir de bloquer l'escadre ennemie dans le Min ou de l'attaquer à sa sortie, mais on lui apprit qu'elle n'avait point paru dans le Min.

L'amiral devait donc adopter un autre

plan. Du 7 au 12 février, il visita différents ports de la côte de Chine. Le 13, au matin, cinq bâtiments chinois étaient signalés. Courbet mit aussitôt le cap dessus.

Un bâtiment de grand'garde prévint sans doute la flotte chinoise, qui prit chasse sans retard ; l'escadre française la poursuivit ; elle en était à cinq milles environ.

Au bout de quelques heures de cette course, les trois croiseurs chinois, mettant le cap au sud, ralentirent leur course. L'amiral s'imagina qu'ils voulaient accepter le combat. Son illusion fut dissipée lorsqu'il les vit filer sur le sud à toute vitesse.

Quant à la frégate et à la corvette, elles prenaient la route du port de Sheipou. En voyant cette modification, l'amiral donnait l'ordre à trois de ses bâtiments de surveiller la frégate et la corvette chinoise. De son côté, il continua avec *le Bayard* et deux autres navires la poursuite des trois croiseurs ennemis, qui étaient d'excellents marcheurs.

Il était neuf heures quarante minutes du soir quand une brume intense fit perdre de vue les bâtiments ennemis. L'amiral renonça à les chasser plus longtemps. Il revint vers le port de Sheipou afin de s'assurer au moins de la frégate et de la corvette qui s'y étaient réfugiées.

L'un des faits les plus glorieux dans les annales de la marine allait s'accomplir en cet endroit. Un officier compétent, M. A. Gervais, en a fait un récit que nous lui emprunterons, ne pouvant le faire aussi bien.

« Avant de procéder à une attaque de vive force et de risquer des bâtiments dans les passes conduisant au port de Sheipou, l'amiral jugeait prudent de bien les reconnaître. Les investigations étant difficiles devaient être assez longues; aussi le commandant de l'escadre résolut-il, en attendant que la reconnaissance des abords du port fût faite, d'essayer une attaque par les deux canots porte-torpille du *Bayard*.

» Le temps ayant été trop mauvais pendant la nuit du 13 au 14, l'attaque fut remise à la nuit suivante. Le premier jour de l'an chinois tombait juste le 15; c'était une coïncidence heureuse, car on pouvait espérer que les fêtes qui le précèdent rendraient la vigilance moindre et la surprise plus facile.

» Les canots quittèrent donc le bord du *Bayard* vers minuit, avec mission d'attaquer la frégate. L'un était commandé par le capitaine de frégate Gourdon, commandant l'expédition, et l'autre par le lieutenant de vaisseau Duboc. Ils étaient pilotés par le lieutenant de vaisseau Ravel, qui avait reconnu la position des bâtiments chinois et étudié le chenal. Cet officier devait se tenir aussi à portée de les secourir et de leur indiquer un point de ralliement, l'opération terminée. On se trouvait alors à l'époque de la nouvelle lune ; le ciel était couvert, la nuit très noire par conséquent. Les canots partent, on sait ce que sont les canots à vapeur ordinaires de nos bâtiments — des embarcations en tôle, longue de 8 à 9 mètres, d'une vitesse maxima de 6 à 7 nœuds.

» La petite expédition avait sept ou huit milles marins à parcourir avant de se trouver dans le voisinage des bâtiments chinois. En raison de leur faible vitesse, de la nécessité de marcher doucement pour diminuer le bruit des machines, de l'obscurité de la nuit, des difficultés de la navigation dans un chenal étroit, du courant enfin qui leur était contraire, ils mirent près de quatre heures à faire ce trajet.

Quelques îlots se trouvent dans la rade même de Sheipou, à l'extrémité intérieure du canal que l'expédition venait de suivre. Arrivées là, nos embarcations n'étaient plus qu'à un mille et demi du mouillage occupé par les navires ennemis. Les officiers commandants s'assurent alors que leurs appareils d'attaque fonctionnent bien et donnent leurs derniers ordres. Ils sont compris à demi-mot par leurs braves marins. Sûrs, dès lors, qu'au moment décisif chacun exécutera sa tâche sans hésitation ni erreur, le commandant Gourdon et le lieutenant Duboc ne s'occupent plus que de découvrir et d'atteindre les bâtiments vers lesquels ils sont guidés par M. Ravel.

» Nos canots continuent donc à marcher doucement pour faire le moins de bruit possible. Le silence le plus absolu est recommandé. Tout fanal est éteint, toute lueur des foyers de chaudière soigneusement masquée. On agira dans une profonde obscurité. Bientôt on entend quelques détonations, l'on aperçoit trois ou quatre feux allumés à terre, dans la direction de Sheipou, puis de nombreuses lueurs qui se projettent sur le fond noir des montagnes, ou vont en gerbes éclatantes vers le ciel. Ce sont les Chinois qui célèbrent par des feux d'artifice leur premier jour de l'an.

» Vers trois heures et demie du matin, M. Ravel aperçoit enfin la mâture de la frégate. Il la désigne aux canots porte-torpille. On en est à moins d'un kilomètre. La frégate présente à nos canots venant du sud, son arrière ou sa hanche. On ne voit pas encore la corvette; celle-ci est amarrée au quai même de Sheipou, dans le nord, et près de la frégate.

» Les ordres de l'amiral sont formels :

si l'on aperçoit les deux navires au même instant ou en temps opportun, les attaquer simultanément; dans le cas contraire, ne pas perdre de précieuses minutes à chercher le second ennemi, mais lancer les deux porte-torpille contre la partie la plus rapidement accessible du bâtiment découvert le premier. On n'aperçoit point la corvette; la frégate présente son arrière, c'est donc contre ce bâtiment que va se concentrer l'action de nos deux canots.

» Celui du commandant Gourdon marche mieux que l'autre, sa machine fait relativement moins de bruit; il augmente sa vitesse et distance son compagnon, qui le perd de vue. Le lieutenant Duboc, en effet, n'ose pas marcher plus rapidement, dans la crainte que le cliquetis de sa machine extrêmement bruyante n'éveille l'attention des équipages chinois. Ceux-ci paraissent dans une sécurité complète. Evidemment, ils n'ont encore rien entendu. De l'avant de la frégate partent même des pétards et des bombettes qui montrent que les équipages célestes prennent part à la fête du premier jour de l'an.

» Obligés aux plus grandes précautions, contrariés par un fort courant, nos canots mettent vingt minutes au moins pour franchir le court espace restant à parcourir depuis que le lieutenant Ravel leur a montré la frégate ennemie. Peu à peu cependant, la mâture et la coque de celle-ci grandissent aux yeux de nos marins. Chacun de ceux-ci a revêtu sa ceinture de sauvetage. Les hampes porte-torpille sont poussées, les feux des chaudières activés le plus possible, car, à la première alerte, nos canots se jetteront à toute vitesse sur l'ennemi.

» L'instant est solennel, terrible. Nul n'hésite cependant ; les feux sont activés ;

bientôt le canot du commandant Gourdon est tout près de l'arrière de la frégate. En ce moment sans doute l'ennemi l'aperçoit courant sur le bâtiment chinois à toute vitesse. Bien que fêtant par des feux d'artifice le premier jour de l'an, les équipages font bonne garde. Il y a des hommes aux pièces, aux mitrailleuses, des tirailleurs sur le pont, dans les hunes. Aussitôt éclate un feu nourri d'artillerie et de mousqueterie. Mais déjà le commandant Gourdon est sous la poupe de la frégate, dont les formes très-inclinées protègent heureusement son canot contre le tir des marins ennemis. Sa torpille fait explosion et soulève l'arrière de la frégate qui retombe lourdement. Puis, sans tarder, le canot fait machine en arrière, mais sa hampe reste engagée sous la carène de la frégate et le retient dans cette position critique. Si le bâtiment coule, il verra, vraisemblablement, sombrer du même coup l'embarcation française. C'est alors qu'une balle, partie sans doute du rivage, tue l'un des compagnons du commandant. Enfin, au bout de deux minutes environ, la hampe est dévissée et filée hors du canot qui se dégage en un clin d'œil.

» Le lieutenant Duboc se trouvait encore à 400 mètres de la frégate quand les Chinois ouvrirent le feu. Venait-il, lui aussi, d'être aperçu ? Ce qu'il y a de certain, c'est qu'un obus parti de l'arrière de la frégate passa en sifflant au-dessus de son canot. Au cri de « Vive la France ! » poussé par le lieutenant et chaleureusement répété par les hommes, la machine est lancée à toute vitesse. Le fourneau de la chaudière a été bondé de charbon, la soupape de sûreté est calée ; la tension de la vapeur monte à 10 ou 12 kilogrammes peut-être, dans cet appareil construit pour marcher avec une pression moindre de moitié. Si les tôles de ses parois ne sont pas de qualité supérieure, la chaudière peut, en éclatant, détruire le canot et tous les braves qui le montent. La machine disloquée menace de se rompre; elle fait un tel vacarme, que celui-ci couvre le sifflement des balles et même jusqu'aux détonations de l'artillerie. Qu'importe? A tout prix, il faut arriver le plus vite possible, car le moindre retard serait probablement fatal. Les torrents de fumée et les jets d'eau bouillante, qui s'échappent du tuyau, aveuglent celui qui tient la barre. La figure presque brûlée, cet homme intrépide ne voit plus la frégate ennemie, mais continue à tenir ferme le gouvernail. Au milieu de l'encombrement de son canot, le lieutenant Duboc est obligé de regarder au-dessus des abris, afin de donner au patron les indications nécessaires pour le gouverner. Deux ou trois minutes se sont écoulées. La frégate est maintenant tout près. Tout à coup, le lieutenant Duboc s'aperçoit que le courant, plus fort sans doute en cet endroit, va l'entraîner plus loin. Il va manquer l'ennemi, lorsque, par une habile manœuvre, due autant à l'habileté du chef qu'au courage du pilote et au sang-froid du mécanicien, le canot est amené contre la frégate. Au léger choc qui se produit, la torpille fait explosion. Pour la seconde fois, la frégate est soulevée, roule pendant quelques instants, puis retombe immobile.

En ce moment, l'effarement des Chinois est à son comble. Ils font un feu épouvantable, tirant dans toutes les directions, croyant voir l'ennemi de tous côtés. Le lieutenant Duboc se dégage sans la moindre difficulté et s'éloigne rapidement de la frégate. A 200 mètres du bâtiment chinois, il rencontre son chef, le commandant Gourdon. Nos deux canots continuent leur retraite à toute vapeur, poursuivis par les projectiles que le hasard, bien plus que la volonté réfléchie des Chinois, lance encore dans leur direction. Bientôt néanmoins le feu cesse presque complètement, les canots diminuent de vitesse et se mettent à la recherche du lieutenant de vaisseau Ravel. Leur tentative reste vaine. Au milieu de l'obscurité, ils ne retrouvent plus ni les embarcations qu'ils veulent rejoindre, ni le canal par lequel ils sont entrés dans la rade de Sheipou.

« Après une heure d'inutiles recherches, le commandant Gourdon se décide à ne plus s'occuper des embarcations du lieutenant Ravel. Mais, en tâchant de découvrir la passe qui lui permettra de s'éloigner, il échoue son propre canot. Le lieutenant Duboc l'aide à se dégager.

Vers sept heures du matin, nos porte-torpille entrent dans une passe différente de celle qui les a conduits en rade de Sheipou. Puis c'est une avarie de machine qui retarde leur marche, enfin l'eau douce va leur manquer pour alimenter leurs chaudières. Les voilà livrés à tous les hasards d'une rencontre, d'un naufrage, d'une simple erreur de navigation qui peut les laisser immobilisés et presque sans défense, au milieu d'un pays ennemi. Cependant, après maintes et maintes tribulations, au moment où tout moyen de locomotion est sur le point de leur faire défaut, nos braves marins ont la joie d'apercevoir le transport-aviso la *Saône*, mouillé au large de la passe d'où ils viennent de sortir. On leur envoie du secours, et bientôt ils sont chaudement accueillis à bord de l'aviso, qui s'empresse d'appareiller pour ramener le long du *Bayard* les deux canots porte-torpille. Ceux-ci avaient accompli un parcours de quinze milles environ pour gagner, après leur exploit, le mouillage de la *Saône*.

» Qu'était devenu cependant le lieutenant Ravel? Après avoir indiqué aux deux canots porte-torpille l'emplacement des bâtiments ennemis, M. Ravel était resté à environ un kilomètre de leur mouillage pendant tout le temps qu'avait duré l'opération. Dès que le feu des Chinois eut cessé, il montra, durant quelques minutes, un fanal rouge pour indiquer sa position au commandant Gourdon et au lieutenant Duboc. Puis, il chercha ou attendit vainement ses compagnons jusqu'à six heures du matin. Chose étrange, quand le jour se fit, le lieutenant Ravel constata que la frégate, frappée comme il a été dit, par nos deux torpilleurs, était parfaitement droite et semblait flotter ; tandis que la corvette, épargnée par nos canots, était couchée sur le flanc et remplie d'eau.

» Croyant ses compagnons ensevelis sous l'épave du dernier bâtiment, le lieutenant Ravel revint à bord du *Bayard*, la mort dans l'âme. L'amiral Courbet écouta avec une profonde douleur son rapport verbal ; mais le commandant en chef, conservant cependant une lueur d'espoir et voulant voir par lui-même, monte en canot à vapeur, pénètre dans la rade de Sheipou et observe à son tour les bâtiments chinois. La frégate est bien dans la situation indiquée par M. Ravel ; mais si elle est toujours droite, ses bas mâts sont noyés jusqu'à la moitié de leur hauteur au-dessus du pont. Si donc le bâtiment a flotté durant quelques heures après l'attaque de nos canots, il ne l'a dû probablement qu'aux efforts de son équipage et à la puissance de ses pompes d'épuisement; mais les deux blessures faites par nos torpilles étaient trop profondes pour que la tentative réussît. Quant à la corvette, on sut plus tard que sa perte était due à l'affolement des canonniers chinois de la frégate et aussi à celui des artilleurs de terre, qui, croyant tirer sur nos marins, avaient criblé d'obus cet infortuné bâtiment.

» L'amiral était occupé à cette reconnaissance, quand, du *Bayard*, on aperçut nos deux canots porte-torpille s'approchant à la remorque de la *Saône*. Immédiatement, le lieutenant Ravel se jeta dans un canot à vapeur pour porter cette bonne nouvelle à son chef. Il le rencontra à moitié route, revenant de son exploration. La joie de l'amiral, d'ordinaire si maître de lui-même, fut des plus vives. La réception à bord du *Bayard* fut enthousiaste. L'admiration était justifiée. »

Nous ne pouvons résister au plaisir de compléter ce récit par un autre récit vif, animé et émouvant, que nous emprunterons à M. Dick de Lonlay. Après avoir raconté les péripéties de cette nuit mémorable, cet auteur rapporte que MM. Gourdon et Duboc sont reçus à bord de la *Saône,* où le commandant Monin leur offre la plus aimable et la plus généreuse hospitalité.

— Hommes noirs, d'où sortez-vous?

— Nous venons de torpiller le *Yu-Yen.*

— Quand cela ?

— Cette nuit, à quatre heures.

— Voulez-vous déjeuner avec moi?

— Volontiers, mais donnez un repas chaud à nos hommes dans les canots.

Une fois les torpilleurs servis, les officiers se mettent à table et racontent leur histoire.

— Avez-vous des nouvelles de la vedette et de la baleinière?

— Aucune.

— L'amiral doit être très inquiet; remorquez-nous à bord du *Bayard ;* nos canots sont hors de service.

Le commandant Monin, avec le plus grand empressement, accède aux désirs des officiers et met aux postes d'appareillage.

En ce moment, passe *l'Aspic;* les hommes dans les haubans crient :

— Vivent les torpilleurs! Vive le commandant Gourdon! Vive M. Duboc!

Le commandant Gourdon et Duboc se serrent la main, en disant :

— Nous avons sans doute réussi plus que nous ne pensions.

La Saône appareille, et franchit à vitesse réduite les quelques milles qui la séparent du *Bayard*.

Bientôt le *Bayard* est en vue. Il fait le signal :

— Quoi de nouveau?

— *La Saône* répond :

— Les ordres de l'amiral sont exécutés.

Ce signal fait sourire le *Bayard*, dont la physionomie change du tout au tout.

C'est que la journée avait été triste sur le navire amiral.

Vers huit heures du matin, M. Ravel était venu avec la vedette et le pilote Muller, après avoir cherché pendant plus d'une heure, dans les environs de la passe, les deux canots porte-torpille.

L'amiral attend sur le pont.

— Eh bien? interroge-t-il anxieusement.

— Amiral, la corvette est coulée.

— Mais Gourdon? mais Duboc?

M. Ravel, atterré, sans répondre et les yeux pleins de larmes, fait le geste : au fond de l'eau.

L'amiral devient très pâle :

— C'est acheté bien cher, dit-il.

La consternation est générale à bord. L'heure du déjeuner arrive; mais, au carré des officiers, aucun ne songe à manger.

Un silence de mort règne dans l'équipage. Les suppositions les plus tristes, les plus lugubres ont cours.

— Les canots ont dû couler sous la gerbe.

— Les obus chinois ont dû les crever : ils sont par le fond! Ils sont échoués sur un banc de vase et les Chinois, au jour, les ont aperçus et mitraillés.

— Pourvu qu'ils ne soient pas tombés vivants entre leurs mains.

— Peut-être quelques-uns sont-ils parvenus à gagner la côte et à se réfugier sur les hauteurs.

On envoie des vigies dans les hunes et

sur les barres pour explorer les crêtes, d'où les torpilleurs auraient pu faire des signes de détresse visibles à la rade.

L'amiral, pensant que le courant aurait pu porter dans la baie de San-Moon les canots désemparés, envoie *l'Aspic* et *l'Eclaireur* à leur recherche; mais, n'y tenant plus lui-même, après son déjeuner, il fait accoster le canot à vapeur du *Nielly*, et, seul avec une escorte de quatre fusiliers, se rend dans la baie de Sheipou.

A bord du *Bayard*, la tristesse étreint les cœurs; on n'ose pas se regarder.

Le commissaire du bord, M. Guéguen, ferme à clef les chambres de MM. Gourdon et Duboc, pour y mettre les scellés, et se fait apporter les livrets de tous les marins qui se trouvaient à bord des torpilleurs, afin d'établir les actes de disparition.

Malgré la tentative désespérée de l'amiral, on ne croit pas à une chance de salut.

Tout à coup, vers deux heures du soir, du haut des barres, le pilote Johnson s'écrie :

— La *Saône* en vue!

Puis : Elle a un canot à la remorque!

— Un canot noir! à vapeur! Elle en a un second!

La nouvelle se répand comme un éclair. Tout le monde est sur le pont. Tout le monde regarde.

Toutes les longues-vues, toutes les jumelles sont braquées.

— Ce sont bien les canots à vapeur! Ce sont nos camarades!

Le Bayard change d'aspect en un clin d'œil; on se serre les mains, on s'embrasse; les yeux sont pleins de larmes.

Au pied du grand mât, le vieux maître

d'équipage, Guennec, pleure de joie. Le commandant Parroyon l'aperçoit et le serre dans ses bras, en s'écriant :

— Tu es un brave cœur, viens que je t'embrasse !

Dans le carré, à la bonne nouvelle, le commissaire Guéguen, transporté de joie, lance en l'air tous les livrets et les actes de disparition.

M. Ravel se précipite aussitôt dans la vedette, pour aller porter à l'amiral la bonne nouvelle.

Pendant ce temps, l'amiral avait pénétré dans la baie de Sheipou et aperçu la corvette le *Tcheng-King*, inclinée sur tribord, noyée jusqu'à la cheminée, et la frégate le *Yu-Yen*, coulée droite, avec de l'eau jusqu'en dessous des hunes.

Il explore les bancs de vase, les crêtes voisines; aucune trace des canots, aucune trace de ceux qui les montaient.

L'amiral ne peut retenir une larme et dit tristement :

— C'est un grand succès, mais c'est acheté bien cher.

Il revient vers le *Bayard*.

A moitié route, dans la passe, il rencontre M. Ravel, et, du plus loin qu'il l'aperçoit, il lui crie :

— Les deux navires sont coulés ! Allez voir ! allez voir !

— Les deux canots reviennent, répond M. Ravel.

La joie de l'amiral est à son comble. Il retourne à bord rayonnant.

Cet homme, si calme et si impassible, laisse éclater toute sa joie, et, frappant des mains, il s'écrie aux officiers et aux marins qui se pressent autour de lui :

— Ils sont coulés ! ils sont coulés ! tous les deux ! tous les deux !

La Saône approche.

Le Bayard signale : Etes-vous bien?

— Un tué!

— Vos deux navires sont coulés!

— La frégate seule.

— Non, les deux sont bien coulés.

Ahurissement à bord de *la Saône*. Comment se fait-il que la corvette ait coulé, puisque les deux canots n'ont torpillé que la frégate?

Mystère. Evidemment, *le Yu-Yen*, avec ses feux de batterie désordonnés, a dû couler le *Tcheng-King*.

Le Bayard signale à *la Saône* :

Mouillez où vous voudrez et envoyez les canots.

Tout l'équipage du *Bayard* est rangé sur les glacis, de l'avant à l'arrière. La musique joue la *Marseillaise*. Les marins crient : Hourrah! L'amiral et les officiers sont à la coupée.

A cinq heures, les deux canots accostent :

MM. Gourdon et Duboc montent par l'échelle de tribord. L'équipage bat des mains.

L'amiral, radieux, serre dans ses bras et embrasse à plusieurs reprises les deux vaillants torpilleurs : « Je me figurais déjà, mes chers amis, leur disait-il, l'angoisse de vos mères et de vos sœurs quand elles auraient reçu cette funeste nouvelle, et je remercie Dieu qui leur a épargné une si cruelle épreuve. »

Chacun des officiers veut serrer la main et donner l'accolade aux deux revenants.

L'armement des canots monte à bord à son tour et est l'objet d'une ovation générale. L'amiral, du haut de la coupée, leur crie :

— C'est bien ! C'est très bien ! Vous êtes de braves gens ! Il n'y a pas de plus braves gens que vous au monde !

Le commandant Parrayon veut embrasser le patron Boigeol; celui-ci s'en défend modestement et dit :

— Pardon, excuse, commandant; j'ai la gueule trop sale.

Par ce brillant fait d'armes, la Chine perdait deux beaux bâtiments.

La frégate était un superbe navire de 3,400 tonneaux, armé de vingt-trois canons et de mitrailleuses, monté par 600 hommes d'équipage. La corvette était armée de 7 canons et montée par 150 hommes. Si l'on ajoute à ce fait d'armes les 11 bâtiments détruits à Fou-Tcheou et la canonnière prise dans les eaux de Formose, on a un total de 14 bâtiments, montés par 1,672 hommes d'équipage et 89 pièces de canon perdus par les Chinois du mois d'août 1884 à l'affaire de Sheipou.

Dans les premiers temps du blocus de Formose, les Chinois se servaient de l'archipel des Pescadores, situé entre cette île et la côte, pour envoyer des renforts de troupes et de munitions dans l'île de Formose. Courbet résolut de s'emparer des Pescadores.

Le 25 mars, il monte sur *le Bayard*, et, le 28, toute son escadre se trouvait en vue de l'archipel. Le 29, au jour, elle occupait ses positions de combat.

« L'amiral, pensant avec juste raison que les Chinois s'attendaient à être attaqués du côté de la plaine qui se trouve au nord du fort de Makung, et jugeant que ses troupes pourraient, en raison des abris élevés par l'ennemi, et de la pente assez raide du terrain, éprouver des pertes sérieuses, avait résolu d'effectuer son débarquement dans la baie Dôme, située, il est vrai, à plusieurs kilomètres de Makung, mais n'en étant séparée que par un terrain dégagé sur lequel le petit corps français pouvait se mouvoir avec plus de facilité. En outre, il menaçait ainsi la ligne de retraite des Chinois.

» En conséquence, les navires occupèrent, à la pointe du jour, les positions qui leur étaient assignées, et d'où ils devaient battre les principaux ouvrages ennemis avec efficacité, tout en étant le moins exposés à leurs coups. »

A sept heures du matin, *le Bayard* et deux autres navires entraient dans la baie de Poughou, où ils étaient accueillis par le feu des batteries chinoises; mais, au bout de deux heures, elles étaient à peu près réduites au silence. A neuf heures et demie, le combat était terminé.

L'escadre s'occupa du soin de détruire successivement les forts et ce qui restait des batteries. Les Chinois étaient en fuite.

Le débarquement des troupes, commencé vers quatre heures, était terminé une heure plus tard. L'amiral présida à cette opération. Il choisit pour ses troupes une position inexpugnable, le pic Dôme, où elles passèrent la nuit.

Le 30 mars, à la pointe du jour, *le Bayard* entrait dans le port de Makung, capitale des Pescadores. Le 31, nouveau débarquement de troupes, qui rejoignirent la colonne mise à terre l'avant-veille. Nos soldats se mirent en marche, enlevèrent un village chinois, mirent en déroute un parti ennemi en lui infligeant des pertes sérieuses, et, finalement, enlevèrent un plateau occupé par un gros de Chinois très bien armés qui firent un feu dangereux.

Cette dernière action occasionna la plus grande panique chez les soldats du Céleste-Empire; dès lors, ils n'opposèrent plus aucune résistance.

La colonne continua sa marche, arriva à Makung à cinq heures du soir, et hissa le pavillon français sur le fort. Elle trouva dans cette ville des munitions, des armes, des drapeaux et des approvisionnements en grande quantité.

Pendant les opérations à terre, les bâtiments de l'escadre avaient appuyé la colonne et croisé autour des Pescadores, pour arrêter les jonques de soldats ou de mandarins fuyards. La nuit favorisant ces jonques, on ne put en intercepter que trois.

Dans cette opération, vivement menée, les officiers, sous-officiers, marins et soldats firent preuve de brillantes qualités.

Nos pertes, du 29 au 31 mars, étaient de cinq tués et de douze blessés, tandis que les Chinois comptaient de trois à quatre cents morts et autant de blessés, parmi lesquels se trouvaient plusieurs mandarins. C'est sans doute pour éviter un sort semblable que le mandarin en chef avait cru plus prudent de s'enfuir.

« L'amiral, dit M. Ganneron, éprouva une très grande joie du succès de cette expédition, qu'il avait d'ailleurs préparée et conduite avec sa précision et sa vigueur habituelles ; fatigué de sa longue, pénible et inutile campagne de Formose, très désappointé de n'avoir pu livrer bataille aux croiseurs chinois qui s'étaient réfugiés dans la rivière de Ning-Po, il était heureux de recommencer la lutte par un coup d'éclat, et il voyait, dans cette première action, le prélude d'une grande campagne contre la Chine, dans laquelle il pourrait déployer librement ses grandes qualités de marin et d'homme de guerre, et s'acquérir une gloire immortelle.

» Aussi, bien que très fatigué, il invita ses officiers à déjeuner, le lendemain même de l'occupation, sur la montagne qui domine l'île Poughou ; il s'y rendit à cheval : le trajet était de seize kilomètres environ.

» Pendant ces quatre lieues, la musique de l'infanterie légère faisait résonner ses plus retentissantes fanfares ; les soldats nous raconte un témoin oculaire, avaient dressé sur le passage de l'amiral des arcs de triomphe et, de distance en distance, ils venaient lui présenter un bouquet, des fleurs, des couronnes de lauriers. »

Une semblable ovation toucha le brave amiral jusqu'aux larmes. Il ne cherchait point, du reste, à les dissimuler.

En avançant doucement, au pas de son cheval, il répétait avec émotion :

« Sont-ils bons, mes marins ! Mon Dieu, sont-ils bons ! »

Il rentrait à bord à trois heures, et, succombant à la fatigue non moins qu'à l'émotion, il se trouva mal. On eut une grande peine à le faire revenir de son évanouissement.

Après la prise des Pescadores, l'amiral

Courbet se proposait d'entreprendre une campagne contre les ports du nord de la Chine, car l'évacuation de Lang-Son par nos troupes, le 28 mars, semblait faire croire que les Chinois dussent opposer une plus grande résistance et que les opérations militaires allaient reprendre.

Il n'en fut rien, au contraire, puisque, le 4 avril 1885, des préliminaires de paix étaient signés à Paris.

Le rôle de la flotte était alors entièrement terminé; toutefois, l'amiral continua de rester aux Pescadores.

CHAPITRE VIII

Mort de l'amiral Courbet. — Conclusion.

La santé du commandant en chef de l'escadre de l'extrême Orient laissa toujours à désirer, pendant les deux années qu'il resta dans les mers de Chine. Il souffrait d'une maladie de foie qui prit, dans les derniers temps, un caractère de plus en plus inquiétant; elle fut compliquée, au mois d'avril 1885, d'une attaque bilieuse et d'un accès de fièvre algide. Les médecins lui conseillaient de quitter le commandement. « Moi, disait-il, me séparer de mes braves marins? Jamais. » Comme il refusait toute médication, ses forces diminuaient progressivement.

Dans la nuit du 9 au 10 juin, il se sentit fort malade. Il se plaignait de vives douleurs dans le côté droit.

Le 11, au matin, il était affreusement changé. Dans l'après-midi, l'aumônier du *Bayard* se présenta à son lit : « Ah ! monsieur l'abbé, lui dit-il, mes forces reviendront peut-être ; mais, vous le savez, je suis chrétien. »

Les assistants se retirèrent ; l'aumônier entendit sa confession et lui administra les derniers sacrements.

Le même jour, à 9 h. 50 du soir, le docteur Doué, qui tenait la main du malade, s'écriait d'une voix entrecoupée par l'émotion : « Messieurs ! l'amiral Courbet est mort ! »

Ce noble cœur, ce grand patriote s'éteignait sur le théâtre de son dernier triomphe, dans le port de Makung, à bord du vaisseau amiral *le Bayard*.

Il mourait dans son lit, ce vaillant marin, lui qui aurait tant désiré tomber pour son pays sous une balle ennemie...

Il fut vivement pleuré de ses équipages qui l'adoraient, et, quand cette triste nouvelle fut connue dans la mère-patrie, ce fut un deuil général d'un bout à l'autre de la France.

Les Chambres décidèrent que les dépouilles de l'illustre marin seraient rapportées immédiatement sur *le Bayard*, et que des funérailles seraient célébrées à Paris, aux frais de l'Etat, dans la chapelle de l'Hôtel des Invalides.

C'est Abbeville, la patrie de Courbet, qui reçut les restes de l'un de ses plus vaillants enfants. Cette cité lui fit des obsèques dignes d'elle et dignes de celui qui en était l'objet.

« Il est mort avant l'heure, en marin, sur *le Bayard*, le vaisseau même où tant de fois son pavillon a été salué par les hourrahs vainqueurs de la flotte, a dit un écrivain. La France s'incline pieusement devant son cercueil, avec ce sentiment de gratitude douloureuse qu'elle garde à ceux de ses enfants qui ont accru son patrimoine de gloire.

» Son nom sera inscrit sur nos places publiques ; il sera inscrit dans nos mémoires ; il sera inscrit sur un des cuirassés qu'il menait à la victoire.

» Et le vaisseau qui recevra ce nom pourra porter fièrement le pavillon aux trois couleurs nationales, rajeuni d'une gloire nouvelle par celui qui vient de mourir. »

Cet officier, à qui était échu l'honneur de rendre, après de cruels désastres, quelque prestige à nos armes et quelque confiance à nos cœurs, fut enlevé à son pays et à la gloire au moment même où sa valeur venait d'assurer à la France une paix avantageuse. Notre patrie n'a pas éprouvé, depuis la mort de Chanzy, une perte aussi cruelle.

Dans cette admirable campagne de deux années, où l'amiral Courbet, voguant de victoire en victoire, n'a pas connu un revers, c'est sa vie qui, sous la tension d'une volonté sans cesse en éveil, s'en est allée elle-même.

Le superbe cuirassé qui, tant de fois, se couvrit de tonnerres et d'éclairs parmi les fumées des combats, où la paix du chef semblait communiquer la vie à cette masse de fer et de bronze, ne devait plus retentir; ce cuirassé, disons-nous, allait rapporter dans ses flancs le cadavre de celui qui ne vit plus que dans l'affection des siens, dans le souvenir du pays qu'il a si noblement servi.

« A voir Courbet dans la rue, sous ses vêtements trop amples sur ses membres décharnés, a dit l'un de ses panégyristes, il eût été difficile de définir l'homme et de le ranger dans une catégorie. Il appartenait à trois catégories différentes. A la fois marin, soldat et savant, il avait peut-être conservé dans la démarche le mouvement du roulis, de même que le cavalier garde une certaine raideur dans les jambes. Mais rien dans son visage ne décelait le militaire ou le marin, avec ses petits favoris courts, sauf la rosette de son habit, qui est aussi bien l'insigne du savant. Ici, par exemple, il n'y avait pas à se tromper. Un front extrêmement développé et bombé, un air profond et sombre dénotaient bien le penseur et le chercheur.

» Courbet était d'une taille moyenne, mais qui paraissait plus grande qu'elle n'était réellement, à cause de la maigreur de son corps et du port élevé de sa tête. C'était une charpente osseuse qui n'était recouverte que par la peau et supportée par des jambes longues. Sa figure, aujourd'hui populaire, présentait des pommettes saillantes, avec un menton proéminent, mais fuyant sous des lèvres fermées, impénétrables. Un rictus sardonique marquait souvent le coin de sa bouche.

» Nez droit et mince. Crâne chauve, cheveux très clair-semés et habilement ramenés sur le dessus de la tête. Ses paupières étaient devenues flasques et tombantes par suite de ses veilles prolongées, et deux petits yeux gris d'acier, très enfoncés dans leur orbite, brillaient comme deux lampes au fond d'un caveau, éclairant sa mélancolie grave et réfléchie. Malgré cette froideur, il savait électriser les hommes; malgré sa laideur, il captivait les femmes par le charme de sa conversation. Peu buveur, médiocre mangeur, sa santé lui interdisait tout excès. Il allait cependant dans le monde, et, au premier jour de l'an, il n'était pas une maison amie, où il avait été accueilli, qui ne reçût un souvenir gracieux en échange de son hospitalité....

» D'un tempérament nerveux et d'un caractère violent, il avait assez d'empire sur lui-même pour se dominer et ne rien laisser paraître de ce feu qui le consumait intérieurement. Dur pour lui-même, bon envers les autres, mais sévère dans le métier, il savait commander avec une précision et une netteté remarquables. Qualité rare, il laissait à chaque officier son initiative particulière, n'exerçant son autorité que dans les choses graves et qui relevaient de son commandement.

» Chef méthodique et expérimenté, il n'aimait point qu'on lui imposât tel ou tel officier. Il préférait les chercher et les choisir lui-même. Avec ses hauteurs de vue, il savait fort bien discerner dans la foule les hommes de mérite. Par contre, il s'occupait beaucoup des matelots. Il ne leur adressait jamais une observation et réprimandait toujours l'officier coupable ou négligent. »

La froideur de l'amiral Courbet se caractérisait par une urbanité sans lacune, a dit un autre écrivain. Nulle politesse ne peut donner une bonne idée de la sienne. Il n'était si légère attention qu'il n'eût reconnue, si mince avance à laquelle il n'eût répondu. C'était l'homme des formes exquises; sa rigueur elle-même était gantée. Il avait des subalternes; il ne traitait personne en inférieur. Aussi, quel retour d'estime et d'affection de la part de ses subordonnés! On obéissait, sachant qu'à côté de la justice qu'il rendait ouvertement à tous, la bienveillance tacite avait sa place. Les marins ses enfants, les soldats ses subordonnés d'occasion, tous étaient unanimes dans leur concert de dévouement et de docilité. Il semble qu'il possédait le secret des guerriers fameux d'arracher aux mourants électrisés le cri suprême de la victoire. Avec ce magnétisme du regard, ce charme de l'encouragement, on mène les hommes au bout du monde.

Il avait le don si rare du commandement, et savait obtenir de ceux qui servaient sous ses ordres tout ce qu'ils étaient capables de donner.

Très maître de lui-même, net dans ses instructions, ne craignant pas la responsabilité, peu prodigue d'éloges, mais sachant reconnaître, par l'ardeur qu'il mettait à défendre leurs intérêts, les services de ses subordonnés, il avait su, dans cette campagne de Chine, se faire adorer de tous. La meilleure preuve que nous puissions en donner, c'est de rapporter les quelques lignes suivantes, écrites par l'un de ses marins :

« ... Nous sommes si fiers d'avoir servi la patrie sous les ordres de l'homme qui a le plus contribué à élever notre gloire nationale dans l'Extrême-Orient, que nous voudrions voir populariser ses louanges, si bien méritées par ses grandes qualités militaires.

» L'amiral est l'homme le plus bienveillant que l'on puisse imaginer ; depuis le simple matelot jusqu'à l'officier, tous ont droit à son impartialité.

» L'amiral a le mot entraînant qui soulève les masses ; aussi étions-nous au comble de l'enthousiasme lorsque nous marchions vers l'ennemi ; nous ne sentions plus nos blessures, et les mourants tombaient en criant : Vive la France! Vive l'amiral !

» Notre vénéré amiral a une noble simplicité. Que de fois nous l'avons vu s'asseoir sur notre banc, lorsque nous étions à table; il continuait de causer avec son état-major, et, lorsque nous voulions nous lever respectueusement, il nous arrêtait du geste en disant : Restez, mes amis.

» Comment ne pas aimer un tel chef?

» Nous vîmes notre amiral, constamment seul, ne communiquant ses intentions à personne, sans cesse absorbé dans ses pensées, cherchant, combinant ses plans, et ne sortant de ses combinaisons que pour donner des ordres qui, promptement exécutés, donnaient autant de glorieux succès.

» Telle fut l'éclatante victoire de Fou-Tcheou.

» Le 23 août, à une heure de l'après-midi, l'amiral monte sur la passerelle du *Volta*, où, depuis quatre jours, flottait son pavillon. Il ordonne le combat, et, en vingt-trois minutes, il coule onze vaisseaux de guerre, puis il détruit le grand arsenal de Fou-Tcheou ; en redescendant, il bombarde les forts, avant que les Chinois aient eu le temps de revenir de leur ahurissement. Ce grand trait d'audace souleva parmi nous un hourrah joyeux ; nous poussâmes des cris enthousiastes. Comme nous étions fiers de combattre pour la France sous les ordres d'un tel chef ! »

Marin modèle et modèle des marins, l'amiral Courbet, au dire de ses camarades, était l'homme parfait. Nul au monde n'était plus loyal, ni meilleur, ni plus courageux, ni plus bienveillant. Energie remarquable, haute intelligence, il avait tout. Il réunissait les qualités qui font l'homme du monde et l'homme de guerre. Son cœur était ouvert à tout ce qui est beau, et aucun sentiment mesquin n'y pouvait avoir accès. Au physique, l'air doux et pensif.

Ses marins l'avaient caractérisé par un mot qui le peint : ils l'appelaient *le Silencieux*. Dans cette campagne du Tonkin, les soldats avaient aussi caractérisé par des locutions familières annamites trois de leurs généraux. Le jeune général de Négrier fut surnommé *le général Maolen*, qui veut dire, « fais vite, va vite ; » le général Brière de l'Isle, *Mann*, qui signifie « doucement, » et le général Millot, *Toï*, mot qui exprime le commandement « arrête. »

Courbet ne s'est pas cantonné dans une des nombreuses spécialités de la marine : il a voulu se rendre digne de commander aux autres.

Pour lui, le chef ne mérite ce nom que s'il est capable de diriger les services de tous les hommes qui sont sous ses ordres.

Ses longues campagnes sur des navires à voiles en ont fait un marin d'élite et un astronome distingué ; il devint alors tour à tour mécanicien, canonnier, torpilleur.

Il était bien le type de l'officier de la nouvelle génération ; c'est pourquoi le jour où on l'appela à un grand commandement, il était armé de toutes pièces pour le remplir avec un éclat qui l'a placé au premier rang.

Courbet avait le génie de la guerre. Au métier si rude du marin, il avait contracté ce sang-froid étonnant qui lui permettait, en n'importe quelle circonstance, si périlleuse fût-elle, de conserver l'entière disposition de ses facultés. Et alors, il agissait avec une supériorité de vue, avec une précision qui déroutait l'ennemi. Il concentrait ses forces sur le point que sa pénétration lui avait fait deviner comme le plus faible. Il exécutait son plan avec une résolution tellement implacable, que tous ceux qui étaient placés sous ses ordres se trouvaient entraînés, électrisés au spectacle de ce général s'identifiant avec le devoir, et que les obstacles les plus insurmontables semblaient s'évanouir devant nos marins, devenus, sous un tel chef, capables de tous les prodiges.

Cet homme de guerre, si terrible dans l'action, était encore plus peut-être un grand organisateur. Il savait préparer la victoire avec une ténacité, une science et un souci du détail qui ne laissaient rien au hasard. L'investissement de Sontay, la prise des Pescadores, demeureront comme des modèles de stratégie. Sa qualité dominante était une discrétion absolue sur les plans des opérations qu'il préparait d'une façon remarquable.

Il avait aussi l'orgueil de sa patrie; il la voulait à jamais puissante et redoutée. L'homme qui avait su remplir de son nom les échos de l'extrême Orient et conquérir à la France un territoire immense, était évidemment l'homme qui aurait su organiser la conquête, administrer les populations soumises et leur faire aimer l'autorité du drapeau tricolore.

En mer, le marin a été irréprochable. Sur terre, investi d'un commandement en chef, il a si bien rempli ses fonctions improvisées, qu'il a enlevé l'approbation unanime des généraux.

Depuis la guerre franco-allemande, l'amiral Courbet était le seul de nos chefs qui eût remporté un succès militaire. Il avait pris dans l'opinion publique une place hors ligne. Ses brillants faits d'armes avaient porté bien haut, en France et à l'étranger, non seulement son nom et sa réputation personnelle, mais l'honneur et le prestige de notre marine. Il avait pris lui-même, dans le sentiment public, des proportions héroïques.

Il était pour la France comme une réserve de l'avenir; on se plaisait à voir en lui un de ces hommes prédestinés, qui, dans certaines circonstances données, pouvait concourir au relèvement de notre chère patrie. Son nom était devenu le synonyme de patriotisme, de courage et de foi, et l'on comptait sur ce rude soldat pour d'autres combats que ceux qu'il a si vaillamment livrés.

La simplicité, la modestie de l'amiral Courbet se révèlent dans ses rapports sur les nécessités de notre protectorat au Tonkin et dans l'Annam; rapports d'une grande clarté, d'une précision irréprochable, toujours dictés par une connaissance approfondie du caractère chinois, et pleins de considérations techniques et générales de l'ordre le plus élevé.

Les rapports qu'il a écrits sur les combats du Min, en particulier, sont un chef-d'œuvre. Si le *moi* en est absent, c'est que l'auteur l'a cru inutile. Le chef respire tout entier dans le souffle qui circule à travers ces lignes mâles.

L'homme est si riche de mérites passés et futurs qu'il ne songe pas à réclamer sa part de gloire. Sa créance est de celles que l'histoire seule peut solder. En revanche, il la demande, cette part, pour les siens, pour tous ceux qu'il a conduits.

Il les récompense d'un mot, en disant : « La France peut être fière. »

APPENDICE

Funérailles de l'amiral Courbet, à Abbeville.

Le mardi 1er septembre 1885 eut lieu à Abbeville une imposante cérémonie, celle des obsèques de l'un de ses plus glorieux enfants. Nous avons tenu à conserver le souvenir de cette grande manifestation. A cet effet, nous nous inspirerons surtout des journaux de la localité, auxquels nous ferons de larges emprunts.

Le convoi funèbre arriva à Abbeville le samedi 29 août, à 3 heures 20 du soir. Une foule recueillie suivit le cercueil jusqu'au portail de l'église Saint-Vulfran. La bière, enveloppée dans un drapeau de soie tricolore à crépines d'or, était recouverte de l'habit, du chapeau et de l'épée de l'amiral ; elle fut immédiatement déposée dans une chapelle ardente située dans le bas-côté droit de la nef.

L'ensemble de l'église présentait un coup d'œil admirable et imposant. Toute la nef était tendue de draperies noires frangées et lamées d'argent, hautes de quatorze mètres.

Des trophées de marine coupaient, çà et là, cette décoration ainsi que des cartouches à fond violet, separés par des ancres, et portant le nom des bâtiments sur lesquels l'amiral fut embarqué.

Dans le chœur se dressait le catafalque, d'une grande richesse, entouré de véritables cascades de bougies. Quatre porte-torchères se trouvaient aux angles.

A l'extérieur, le portail était garni d'une immense tenture noire et argent, rehaussée d'écussons aux initiales A. C. De longs drapeaux noir et blanc ornaient les deux tours.

Le jour de l'inhumation, la ville avait revêtu sa toilette de deuil. Des portiques, avec les attributs nationaux ornés de crêpes, portant des inscriptions en l'honneur de l'amiral, avaient été dressés sur le parcours que devait suivre le convoi funèbre.

Toutes les maisons étaient ornées du pavillon national cravaté de crêpe; les devantures étaient recouvertes de draperies en laine noire et blanche; quelques-unes d'entre elles, semées de larmes en argent. D'autres encore étaient garnies aux couleurs tricolores voilées d'un crêpe et agrémentées de palmes et de feuillage. Des mâts portant des drapeaux et des cartouches étaient dressés dans toutes les rues. L'ensemble du coup d'œil était saisissant.

La maison de la famille avait été tendue de noir, ainsi que l'hôtel de ville.

Sur la maison natale de l'amiral, la municipalité avait fait placer une plaque commémorative portant cette inscription, en lettres d'or :

Dans cette maison est né
le 26 juin 1827,
AMÉDÉE-ANATOLE-PROSPER
COURBET
vice - amiral
grand-officier de la Légion d'honneur,
décoré de la médaille militaire,
commandant en chef de la flotte française
dans les mers de Chine,
mort le 12 juin 1885
à bord du vaisseau-amiral
le Bayard,
à Makung (îles Pescadores).

Plaque commémorative
posée en exécution de la délibération
du conseil municipal d'Abbeville
du 15 juin 1885.

La *Place de l'Amiral-Courbet* présentait un coup d'œil imposant. Du point central, on apercevait dans la direction des trois grandes voies qui aboutissent en cet endroit une profusion de drapeaux et des arcs de triomphe portant les armes d'Abbeville et les initiales de l'amiral. Toutes les lanternes, brûlant nuit et jour, étaient voilées de crêpe.

La place même était décorée sur son pourtour de vingt mâts vénitiens portant à la partie inférieure des cartouches où se voyaient les noms glorieux de Sontay, Kelung, Fou-Tcheou, Hué, Pescadores, etc.

Mais les yeux se portaient surtout vers le catafalque monumental qui se dressait sur le côté ouest de la place, qu'il occupait presque en entier.

Il se composait d'une sorte de baldaquin haut de dix mètres et large de onze, fermé au fond, entièrement ouvert sur le devant et dont les côtés étaient formés de deux larges rideaux artistement drapés.

De hauts sapins ornés d'oriflammes dominaient les quatre angles, et, de l'un à l'autre, s'entre-croisaient des drisses portant de nombreux pavillons de marine.

Le catafalque lui-même était surmonté au centre d'un large écusson, peint en grisaille et argent au milieu duquel se détachaient les armes d'Abbeville; au-dessous se lisait la devise de cette ville, *Fidelis*, faisant ainsi songer à l'inaltérable dévouement voué à la patrie par le brave marin que pleuraient ses concitoyens.

A droite et à gauche se détachaient en or les dates de sa naissance et de sa mort, 1827 et 1885.

Enfin, dans deux longs cartouches formant frise brillaient les noms de

Fou-Tcheou et des Pescadores. Au-dessous de cette frise régnait un lambrequin fort élégant composé d'ancres d'argent alternant avec les armes d'Abbeville.

Plus bas, et sur les deux montants qui supportaient le plafond, deux larges boucliers décorés de faisceaux de drapeaux supportaient des ancres entrelacées avec l'initiale du brave marin.

Aux quatre coins du catafalque, des torchères en forme d'autel antique brûlaient des flammes vertes à l'heure de la cérémonie.

Mais toute l'attention se concentrait sur la partie recouverte par la tente. Quelques marches donnaient accès à une plate-forme où s'élevait une sorte d'autel semé d'ornements funéraires. Sur la table de l'autel se dressait le buste de l'amiral, dont la mâle silhouette se détachait vigoureusement sur les tentures noires.

En arrière régnait un large piédestal supportant un cénotaphe d'un dessin à la fois élégant et sévère. Au milieu des étoiles d'argent dont il était semé et juste au-dessous du buste, brillait une ancre ornée de palmes.

Et, pour compléter l'harmonie de cette décoration, quatre grands lampadaires d'argent s'élevaient aux coins de ce magnifique monument.

C'est dans ce catafalque que le cercueil avait été transporté la veille à cinq heures du soir.

Le 1er septembre, la dépouille de l'amiral entrait de nouveau dans l'église Saint-Vulfran à une heure et demie de l'après-midi.

Les services religieux et l'oraison funèbre terminés, le cortège sortit de l'église à quatre heures. Il se dirigea vers le cimetière dans le plus grand ordre, et au milieu d'une foule sympathique et recueillie.

Le char funèbre portant la dépouille de l'amiral était une merveille de goût. Entièrement sculpté dans la partie extérieure, y compris les roues, il était couvert de draperies où les ornements brodés à l'aiguille étaient d'une finesse artistique remarquable.

Sur chaque face, deux anges argentés supportaient des écussons aux armes de la ville et aux initiales du défunt. Le dais était surmonté de panaches noirs. Aux angles étaient adaptés des trophées de drapeaux tricolores à crépines d'or. Ce char était traîné par six chevaux caparaçonnés et conduits à la main par des valets en grande livrée. — Un drapeau tricolore recouvrait le cercueil.

Immédiatement derrière le char, des marins du *Bayard* portaient la colossale et splendide couronne offerte par l'équipage du navire. C'était le dernier hommage de ces braves, que l'amiral Courbet avait si souvent conduits au feu.

Le corbillard était escorté par la compagnie de débarquement, précédée de ses clairons.

Dans le cortège, on remarquait trois chars drapés de noir et lamés d'argent, portant des couronnes; puis de nombreux groupes portant d'autres couronnes aux immenses proportions.

Un peleton de cavalerie fermait la marche de cet imposant cortège, dont la longueur pouvait être évaluée à quinze cents mètres.

Il était cinq heures et demie quand la tête du cortège fit son entrée dans le cimetière. Le ministre de la marine, son état-major et toutes les autorités se placèrent à gauche de la fosse.

Après que les dernières prières des morts furent dites, l'amiral Galiber prononça la courte allocution suivante :

« Messieurs,

» Il y a quelques semaines, sur la rade de Makung, théâtre de leur dernier combat, les équipages de l'escadre de l'extrême Orient étaient réunis pour dire un suprême adieu à celui qui avait su leur inspirer une confiance si absolue et qui les avait conduits si souvent au succès.

» La douleur muette et profonde, les larmes de ces hommes, qui, sur un mot de Courbet n'auraient pas hésité à courir à la mort, en disent plus que les paroles les plus éloquentes sur la perte que vient de faire la France.

» Dans cette ville, devant cette tombe encore ouverte, au milieu de vous, Messieurs, à l'émotion patriotique ressentie par le pays tout entier, vient se joindre la douleur de la perte de l'homme, de la perte de l'ami.

» A vous, qui tous l'avez connu, qui tous l'avez aimé, je ne saurais avoir à vous rappeler sa vie, à vous retracer ses exploits.

» Sur la dunette de nos navires se détachent, en lettres d'or, ces mots : Honneur et patrie. C'est la devise de Courbet. Bravoure, dévouement, esprit d'abnégation et de sacrifice, ne sont-ce pas les vertus qui ont brillé chez lui d'un si vif éclat ?

» Son nom, pendant deux ans, a fait vibrer une génération tout entière. Au bruit de ses succès, une sorte de frémissement a passé sur la France, a fait tressaillir tous les cœurs, jeunes et vieux.

Et, comme un reflet de cette grande impression, est-ce que l'on n'a pas vu l'ancre, à la fois symbole de la marine et de l'espérance, se montrer jusque sur le front et sur la poitrine des enfants?

» Cette marque s'incrustera dans le cœur de cette génération de l'avenir; elle y laissera certainement l'empreinte des vertus de l'amiral et viendra consacrer une fois de plus toute la puissance des grands exemples.

» Oui, la mémoire de Courbet restera belle, parce que sa gloire repose avant tout sur les grands sentiments du devoir. Ils ont soutenu sa vie et ses derniers moments, ils ont persisté jusqu'à son dernier souffle.

» Chez nous tous, Messieurs, s'éveille devant cette tombe l'idée d'une récompense dont nous ne savons point ici-bas mesurer la grandeur. Et, dans ce jour de deuil, où nous sommes avides d'opposer une consolation à nos regrets, cherchons-la dans cette espérance qui est le plus grand hommage que nous puissions offrir au grand cœur que la France a perdu.

» Adieu, Courbet! Ta mémoire, ton exemple resteront toujours gravés au plus profond de nos âmes, comme ton nom glorieux restera toujours inscrit sur les pages de notre histoire. »

Le maire d'Abbeville a ensuite prononcé le petit discours suivant; contrairement au dire de certains journaux mal renseignés, il n'y eut aucun autre discours que ceux que nous rapportons.

« Messieurs,

» Me conformant au désir exprimé par la famille, je n'ai pas l'intention de prononcer un discours; mais il m'a semblé que, comme maire de la ville qui a vu naître Anatole Courbet, je devais assumer le douloureux honneur d'adresser, au nom de la cité en deuil, le dernier adieu au plus glorieux de ses enfants.

» A quoi bon d'ailleurs un discours? Le silence recueilli qui nous environne, les larmes qui sont dans tous les yeux, la tristesse qui est dans tous les cœurs et l'émotion dont nous ne pouvons nous défendre ne sont-ils pas le plus éloquent des discours?

» Quand l'écho lointain venu des mers de Chine nous apportait les nouvelles du glorieux amiral, un frémissement d'enthousiasme agitait nos poitrines. Le canon de Fou-Tcheou, de Sontay, de Thuan-An, de Kelung, des Pescadores allait jusqu'au cœur de la vieille cité abbevilloise, et la ville de Ringois palpitait d'orgueil en songeant que c'était encore à un de ses enfants, que c'était à Anatole Courbet que la France devait aujourd'hui un des regains de sa vieille gloire et de son antique renommée de bravoure et de loyauté.

» La paix était signée. Déjà, nous nous demandions, heureux, quelle fête, quelle réception enthousiaste nous pourrions faire à notre illustre concitoyen. Hélas! la joie s'est changée en larmes : *le Bayard* ne nous a ramené qu'un cercueil, et c'est devant la froide dépouille du marin sans peur et sans reproche que nous nous inclinons aujourd'hui.

» Adieu, Courbet, fils aimé de notre ville! La France entière pleure en toi un héros sur lequel elle comptait. Abbeville ne peut se consoler d'avoir perdu son enfant le plus cher, celui qu'elle montrera toujours à ses autres enfants comme un modèle à suivre et à imiter. Et c'est le cœur serré par une profonde angoisse que je viens au bord de ta tombe apporter l'expression de la douleur de tes concitoyens, de tes amis d'enfance et te dire l'éternel adieu !

» Dors en paix, Courbet, dans ce champ de repos qui abrite le dernier sommeil de tes pères, de tes aïeux. Abbeville en larmes veille sur ton sommeil, et, si quelque danger venait à menacer le pays, c'est auprès de ta grande ombre que nous voudrions apprendre comment on sait combattre et mourir pour la France.

» Adieu, vaillant amiral, adieu ! »

Les témoignages de sympathie.

Nous groupons sous ce titre quelques faits qui n'ont pu trouver place dans le cours du récit.

C'est en revenant du grand-prix que l'amiral Galiber trouva un télégramme lui annonçant la mort de Courbet, son ami intime. Il se rendit aussitôt chez le Président de la République et chez le Président du Conseil pour leur annoncer la douloureuse nouvelle.

Après avoir reçu l'amiral Galiber, le Président de la République lui fit adresser la lettre suivante :

« Monsieur le Ministre, le Président de la République prend une part profonde au malheur que vous êtes venu lui annoncer, et qui frappe si cruellement le pays tout entier. Il vous prie de vouloir bien faire exprimer ses sentiments à la sœur de l'amiral Courbet par l'officier que vous envoyez à Abbeville, en lui offrant l'expression de sa profonde et douloureuse sympathie. »

A la Chambre des Députés.

Ce fut dans la séance du 15 juin que le ministre de la marine annonça en ces termes la mort du commandant en chef de l'escadre de l'extrême Orient :

« Messieurs,

» C'est avec les sentiments d'une profonde et patriotique douleur que je monte à cette tribune d'où je viens vous annoncer un grand deuil.

» L'amiral Courbet est mort.

» Au moment où la paix signée marquait le terme de sa tâche, au moment où les incessantes fatigues de sa mémorable campagne allaient avoir leur fin, Courbet, vaincu par la maladie, a rendu le dernier soupir le 11 juin, à Makung (îles Pescadores), à bord du cuirassé *le Bayard*, qui portait son pavillon de commandement.

» C'est une grande perte, Messieurs, que vient de faire la France.

» Les états de service du vaillant amiral en donnent la preuve irrécusable. Mais ce qui justifie plus encore ce sentiment, c'est le cri de douleur qui s'élève de l'escadre de l'extrême Orient et dont l'écho retentit dans toute la marine.

» L'armée, que nous sommes habitués

à voir en toute occasion auprès de nous, partagera notre tristesse, j'en suis sûr, avec les sentiments de son inaltérable confraternité d'armes, et le pays tout entier voudra certainement s'y associer par l'organe de ses représentants.

» En rendant ici, au nom du gouvernement, un hommage public de reconnaissance à l'amiral Courbet, j'ai confiance en votre unanime sympathie. La marine vous sera reconnaissante.

» Le chef aimé qu'elle vient de perdre est mort à la tête de son escadre, ayant d'avance sacrifié sa santé et sa vie; mort à l'heure du succès, après avoir supporté toute la peine; mort à bord de son *Bayard*, sur le lieu même de son dernier fait d'armes; mort enfin en soldat, sans peur et sans reproche.

» Au moment où le ministère de la marine met son pavillon en berne, je vous demande, Messieurs, de vouloir bien lever la séance en signe de deuil. »

Au Sénat.

Le Président du Conseil s'acquitta de la même mission au Sénat ; son éloquente allocution peut passer pour un modèle du genre ; voici comment il s'exprima :

« MESSIEURS,

» Le Sénat connaît la mort de l'amiral Courbet. Certainement chacun de vous a lu ce matin la communication faite hier à la Chambre des Députés par M. le Ministre de la marine, communication qui restera comme pour bien montrer qu'il n'est tel que les braves pour faire avec simplicité l'éloge des héros.

» Que pourrais-je ajouter, Messieurs, qui ne soit au-dessus de notre émotion? On l'a dit déjà et si bien : l'amiral Courbet aura été à la peine et n'aura pas reçu l'accueil triomphal que lui ménageait la patrie.

» Une âme courageuse, a dit Bossuet, » sait demeurer maîtresse du corps qu'elle » habite. » Nul ne l'avait mieux prouvé que l'illustre amiral ; mais ne vivant que pour son pays, il semble qu'après avoir assuré la victoire et la paix, Courbet ait comme dédaigné de commander à son mal. Il est enlevé à la fois à notre reconnaissance et à notre espérance. N'y a-t-il pas d'ailleurs, Messieurs, de ces existences faites de sacrifices, qui s'éteignent sans avoir reçu toute leur récompense, et qui n'en apparaissent, aux yeux de la postérité, que comme plus pures et plus achevées par cela même?

» Le dernier sceau de la gloire de Courbet aura été, du moins, de réunir toutes les âmes dans le même sentiment, de faire battre tous les cœurs français à l'unisson.

» Vous voudrez sans doute, en levant votre séance, vous associer au deuil de la marine entière. Mais nous honorerions mal Courbet s'il ne se mêlait à notre douleur le juste orgueil que doivent inspirer à la France de tels serviteurs, et si nous ne partagions la confiance indomptable qu'il avait dans l'avenir de la patrie. »

A Abbeville.

Aussitôt que la lugubre nouvelle de la mort de l'amiral Courbet fut connue dans sa ville natale, le maire convoqua d'urgence le Conseil municipal et donna lecture du texte de la proposition suivante :

« MESSIEURS,

» Je vous ai réunis d'urgence sous le coup d'une émotion profonde partagée par chacun de vous et par toute la population d'Abbeville. Une terrible nouvelle nous est parvenue ce matin : l'amiral Courbet, notre illustre compatriote, vient de mourir à bord du vaisseau *le Bayard*, dans les mers de Chine, à son poste de combat.

» Tous les cœurs vraiment français seront douloureusement impressionnés par cette mort cruelle et imprévue. En l'amiral dont le nom signifie bravoure et dévouement, la France perd un de ses plus intrépides marins, un de ses plus valeureux défenseurs ; Abbeville voit s'éteindre, encore jeune et tout rayonnant d'une nouvelle gloire, celui dont elle est et restera si justement fière et qu'elle se disposait à fêter avec enthousiasme à son retour de l'extrême Orient. où il a contribué si puissamment au succès de nos armes.

» Ce deuil est pour nous, Messieurs, doublement cruel, car il nous frappe à la fois et comme Français et comme Abbevillois. A ce double titre, nous déplorons la perte irréparable que nous venons de faire, nous joignons nos regrets à ceux que le pays tout entier éprouvera quand la fatale nouvelle sera connue de tous, et nous adressons à la famille éplorée de l'illustre marin l'expression de notre profonde tristesse et de notre vive sympathie.

» Interprète fidèle de chacun de vous, Messieurs, et de toute la population de notre ville, je propose au Conseil de prendre une délibération renfermant les sentiments de douloureuse impression que nous avons tous ressentie en apprenant la mort du brave amiral. »

A la suite de la lecture de cette proposition, fut prise la délibération suivante :

« Le Conseil,

» S'associant pleinement aux sentiments exprimés par M. le Maire,

» Exprime tous les regrets que lui inspire la mort de l'amiral Courbet, et adresse en son nom et au nom de toute la ville, à la famille si cruellement éprouvée de l'illustre marin, l'expression de sa profonde douleur et de sa vive sympathie;

» Décide qu'une plaque commémorative sera placée sur la maison située *Rue de l'Hôtel-de-Ville*, où est né le brave amiral, et qui est occupée actuellement par M. Blanchard, peintre.

» Dit que la *Place du Marché-au-Blé* s'appellera à l'avenir *Place de l'Amiral-Courbet*, et qu'une souscription nationale sera ouverte dès demain par la municipalité, au nom de la ville d'Abbeville, pour l'érection sur cette place d'une statue en l'honneur de notre valeureux compatriote. »

États de services du vice-amiral Courbet.

Aspirant de 1re classe : 1er octobre 1849.

Enseigne de vaisseau : 2 décembre 1852.

Lieutenant de vaisseau (2e classe) : 29 novembre 1856.

Lieutenant de vaisseau (1re classe) : 24 décembre 1861.

Capitaine de frégate : 14 août 1866.

Capitaine de vaisseau : 11 août 1873.

Contre-amiral : 18 septembre 1880.

Vice-amiral : 1er mars 1884.

Chevalier de la Légion d'honneur : 22 octobre 1857.

Officier de la Légion d'honneur : 30 décembre 1868.

Commandeur de la Légion d'honneur : 23 juillet 1879.

Grand-Officier de la Légion d'honneur : 20 décembre 1883.

Médaille militaire : 13 septembre 1884.

Officier de l'Instruction publique : 1er janvier 1885.

Campagnes.

Corvette à voiles *la Capricieuse* (Indo-Chine). — Du 13 octobre 1849 au 17 avril 1854, sous les ordres du capitaine de vaisseau de Roquemaurel.

Brick *l'Olivier* (Levant). — Du 17 août 1854 au 20 janvier 1857, sous les ordres des contre-amiraux Jacquinot et Bouët-Willaumez, commandant la division navale du Levant.

Corvette *le Coligny* (côtes du Maroc). — Du 13 août 1857 au 8 octobre 1858. Commandant Bonie, capitaine de frégate.

Vaisseau *le Suffren* (école de canonnage). — Du 6 mai 1859 au 19 juin 1860.

Commandant Dubut, capitaine de vaisseau.

Vaisseau *le Montebello* (école de canonnage). — Du 19 juin 1860 au 10 septembre 1861. Commandant Chevallier, capitaine de vaisseau.

Vaisseau *l'Alexandre* (escadre d'évolutions). — Commandant Dubut.

Vaisseau *la Ville de Paris* et vaisseau cuirassé *le Solférino*. Aide-de-camp du vice-amiral Bouët-Willaumez, du 6 janvier 1863 au 18 avril 1866.

Frégate cuirassée *la Savoie* (division cuirassée du Nord). — Chef d'état-major du contre-amiral d'Hornoy, commandant la division, du 8 août 1867 au 16 septembre 1869.

Aviso *le Talisman*. — Commande cet aviso aux Antilles du 1er mars 1870 au 18 mai 1872.

Commande le garde-côtes *le Bélier* à

Cherbourg, du 13 juin au 25 août 1872.

Frégate *la Minerve*. — Commandant en second la division des Antilles, du 7 janvier au 7 juillet 1873; capitaine de vaisseau Dupin de Saint-André, commandant.

A Paris, fait partie de la Commission supérieure des chemins de fer.

Commandant la frégate cuirassée *la Savoie* (escadre d'évolutions); vice-amiral Touchard, commandant en chef. Le commandant Courbet est capitaine de pavillon du contre-amiral de Surville, du 5 octobre 1873 au 24 septembre 1874.

Commandant le stationnaire *Messager* et l'école des défenses sous-marines à Boyardville, du 28 décembre 1874 au 1er février 1877.

En 1877, membre adjoint au Conseil des travaux et à la Commission supérieure des défenses sous-marines.

Cuirassé *le Richelieu* (escadre d'évolutions). — Du 18 octobre 1877 au 5 novembre 1879, chef d'état-major du vice-amiral d'Hornoy, puis du vice-amiral Cloué.

Membre adjoint au conseil d'amirauté.

Du 8 août 1880 au 27 septembre 1882, gouverneur et commandant en chef de la division navale de la Nouvelle-Calédonie.

Arbore, le 23 avril, son pavillon sur le cuirassé *le Bayard*, comme commandant en chef de la division navale d'essais.

Est nommé, le 31 mai 1883, commandant en chef de la division navale des côtes du Tonkin.

Prend, le 22 novembre 1883, la direction des services civils au Tonkin et le commandement des forces de terre et de mer; ce dernier commandement, depuis le 26 octobre 1883.

Cesse, le 12 février 1884, ses fonctions de commandant en chef.

Nommé le 19 août 1884 commandant en chef de l'escadre de l'extrême Orient.

Faits d'armes.

Attaque et prise des forts de Hué, 16, 17, 18 et 19 août 1883.

Attaque et prise de Sontay, 16 et 17 décembre 1883.

Bombardement de Kelung, 5 août 1884.

Bombardement de l'arsenal de Fou-Tcheou et destruction de la flotte chinoise, 24, 25, 26, 27 et 28 août 1884.

Destruction par les canots porte-torpilles du *Bayard* d'une frégate et d'une corvette chinoises, 15 février 1885.

Prise des Pescadores, 29 mars 1885.

Le vice-amiral Courbet réunissait trente-huit années de services, dont trente-deux à la mer.

Extrait du testament du vice-amiral Courbet.

ESCADRE DE L'EXTRÊME ORIENT

VICE-AMIRAL COMMANDANT EN CHEF

Pescadores, 28 mars 1885.

Ceci est mon testament.

Je meurs, etc.

Je laisse à la Société centrale de sauvetage toutes mes économies en argent ou en valeurs mobilières. Ces économies, provenant de mes appointements, et mes sœur, belle-sœur et nièces ayant une large aisance, je pense qu'elles m'approuveront.

Je laisse tout ce que je possède, en dehors de mes économies, à ma chère petite sœur, madame Cornet-Courbet.

Je désire, etc.

FIN

TABLE DES MATIÈRES

— Lille. Typ. J. Lefort. 1886 —

www.ingramcontent.com/pod-product-compliance
Ingram Content Group UK Ltd.
Pitfield, Milton Keynes, MK11 3LW, UK
UKHW021104290826
14628UKWH00014B/450